EL DÍA EMPIEZA A VOLAR

AIRBORNE WITH THE DAY

MOISÉS WODNICKI

EL DÍA EMPIEZA A VOLAR

AIRBORNE WITH THE DAY

POESÍA

POETRY

Editores
Editors

Luis F. González-Cruz
Julio Matas
Gena Wodnicki

Latin American Literary Review Press
Series: Discoveries
Pittsburgh, Pennsylvania
1996

No really great song can ever attain full purport till long after the death of its singer — till it has accrued and incorporated the many passions, many joys and sorrows, it has itself aroused.

Ningún canto verdaderamente admirable jamás alcanzará su pleno sentido hasta mucho después de la muerte del cantor, cuando la obra ha conseguido incorporar a su propia sustancia las muchas pasiones, dichas y pesares que un día suscitó.

Walt Whitman
(November Boughs, The Bible as Poetry)

The Latin American Literary Review Press publishes Latin American creative writing under the series title *Discoveries,* and critical works under the series title *Explorations.*

Library of Congress Cataloging-in-Publication Data

Wodnicki, Moisés, 1928-1992.
    El día empieza a volar : poesía / Moisés Wodnicki ; edición a cargo de Luis F. González-Cruz, Julio Matas, Gena Wodnicki = Airborne with the day : poetry / Moisés Wodnicki ; editors, Luis F. González-Cruz, Julio Matas, Gena Wodnicki.
        p.   cm.
    ISBN 0-935480-85-4 (hardcover)
    I. González-Cruz, Luis F.   II. Matas, Julio.   III. Wodnicki, Gena.
IV. Title.
PQ7389. W63D5   1996
861--dc20   96-24040
                                              CIP

Fotografía / Photo by Leonard Leibowitz

Diseño portada / Cover by Brian Campbell, Brandegee, Inc.

Dibujo / Drawing by Moisés Wodnicki

El día empieza a volar / *Airborne with the Day* is available from the publisher:

Latin American Literary Review Press
121 Edgewood Avenue • Pittsburgh, PA 15218
Tel (412)371-9023 • Fax (412)371-9025

INDICE/CONTENTS

NOTA BIOGRÁFICA

Moisés Wodnicki (1928-1992) nació en Varsovia, Polonia, en el seno de una familia judía. Un año y cuatro meses después, durante la epidemia de poliomielitis que azotó varios países europeos en 1929, fue víctima de la enfermedad, que dejó en él sus huellas físicas, si bien éstas no impidieron que Wodnicki realizara una vida prácticamente normal. Sin embargo, este incidente y sus consecuencias determinaron en gran parte el sentido de su poesía y su visión del mundo, del cuerpo, de la vida y de la muerte.

En 1932, la familia se trasladó a Cuba, huyendo del antisemitismo recrudecido en aquellos tiempos en la Europa Central. Moisés vivió brevemente en Lajas y Cartagena, provincia de Las Villas. Más tarde, en Cienfuegos, llevó a cabo sus estudios de primera enseñanza y bachillerato. Por la misma época asistió también al Colegio Eliza Bowman de misioneros metodistas; allí recibió clases de inglés, entre otras, y tuvo con el mundo religioso cristiano un encuentro que directa o indirectamente tocó su poesía. A partir de 1946 comenzó la carrera de medicina en la Universidad de La Habana, de la cual se graduó en 1953. Sus tanteos literarios de juventud lo llevaron a publicar un breve libro de cuentos, *Cazador conmovido*, en 1952, el mismo año en que contrajo matrimonio con Gena Gurwitz, quien sería su compañera de toda la vida y con quien tuvo dos hijos, Ricardo y Ruth, nacidos en 1957 y 1960, respectivamente.

El matrimonio emigró en 1954 a los Estados Unidos, donde Wodnicki hizo su internado en medicina en el Michael Reese Hospital de Chicago, Illinois. En 1955 se trasladó a Pittsburgh, ciudad en la cual residió siempre. Allí Wodnicki realizó una carrera brillante como psiquiatra, y sus actividades intelectuales se fueron diversificando a través de los años. Desde 1959, cuando completó su residencia y *fellowship* en Psiquiatría (Western Psychiatric Institute and Clinic, Universidad de Pittsburgh), hasta 1964, fue Director de Educación Médica en el Mayview State Hospital. En 1978 se graduó de Psicoanalista en el Pittsburgh Psychoanalytic Institute. Además de su práctica privada, que mantuvo durante 28 años —de 1964 a 1992— ocupó otros cargos profesionales: Clinical Assistant Professor in Psychiatry en la Escuela de Medicina de la Universidad de Pittsburgh; Consultant Psychiatrist de Allegheny County Schools, Riverview Center for Jewish Seniors y Jewish Family and Children Services; Clinical

Director del Pittsburgh Pastoral Institute; Instructor del Pittsburgh Theological Seminary; y miembro de la facultad del Pittsburgh Psychoanalytical Institute y del Board of the Pittsburgh Psychoanalytical Foundation. Organizó, además, un grupo de estudios interdisciplinarios en el que participaron psicoanalistas e investigadores literarios; y fue también pionero en el uso de cintas cinematográficas como base para estudios de psicolanálisis, tema sobre el cual dio numerosas conferencias.

Su pasión por el cine, la pintura y la música lo llevó a convertirse en un fino crítico de arte y frecuentemente disertó ante diversos públicos sobre películas exhibidas en distintos centros culturales y educacionales de la ciudad de Pittsburgh.

BIOGRAPHICAL NOTE

Moisés Wodnicki (1928-1992) was born to Jewish parents in Warsaw, Poland. A year and four months later, during the polio epidemic that swept through several European countries in 1929, he contracted the illness; although it left its physical marks on him, Wodnicki was able to lead a fairly normal life. Nevertheless, this incident and its lasting effects determined to a great extent the poet's vision of the world, of the body, of life and death, and consequently shaped some of his most important lyrical themes.

The Wodnicki family migrated to Cuba in 1932, fleeing antisemitism. They first lived in Lajas and Cartagena, province of Las Villas. Later, in the city of Cienfuegos, Moisés completed his primary and secondary education. Concurrently, he attended the Eliza Bowman School of Methodist Missionaries. There he received English classes — among others — and had an encounter with the Christian world that directly or indirectly touched his poetry later on. In 1946, he was admitted to the University of Havana's School of Medicine, and graduated as an M.D. in 1953.

Wodnicki's early literary activities resulted in the publication of a brief book of short stories, *Cazador conmovido* [Thrilled Hunter], in 1952; that same year he married Gena Gurwitz, who would be his wife for forty years and bear his two children, Ricardo and Ruth. In 1954, the couple left Cuba for the United States and settled in Chicago, Illinois, where he did his Internship at the Michael Reese Hospital. In 1955, they moved to Pittsburgh, Pennsylvania, where Wodnicki resided the rest of his life and had a brilliant career as a Psychiatrist. His intellectual activities diversified through the years. After 1959, when he completed his medical Residence and Fellowship in Psychiatry (Western Psychiatric Institute and Clinic, University of Pittsburgh), he became Director of Medical Education at the Mayview State Hospital, until 1964. In 1978 he received his Psychoanalyst diploma from the Pittsburgh Psychoanalytic Institute. In addition to his private practice, which extended for 28 years — from 1964 to 1992 —, he held, among other posts, those of Clinical Assistant Professor of Psychiatry at the University of Pittsburgh's School of Medicine; Consultant Psychiatrist of the Allegheny County Schools, Riverview Center for Jewish Seniors and Jewish Family and Children Services; Clinical Director of the Pittsburgh Pastoral Institute; Instructor

3

at the Pittsburgh Theological Seminary; and he was a member of both the Pittsburgh Psychoanalytical Institute's Faculty and of the Board of the Pittsburgh Psychoanalytical Foundation. He was the organizer of an interdisciplinary study group formed among analysts and literature scholars, and also lectured often on applying psychoanalytic understanding to film, a topic on which he was a pioneer.

His passion for the cinema, painting, and music ultimately turned him into a fine art critic —as part of his critical work, he frequently made film presentations before different audiences at a variety of cultural and educational organizations in the Pittsburgh area.

PRÓLOGO

El caso de Moisés Wodnicki es semejante al de Emily Dickinson, quien durante toda su vida permitió que se publicara tan sólo media docena de sus poemas, y a su muerte dejó un legado lírico de importancia considerable. Sólo en su juventud, a los 23 años, tuvo Wodnicki la iniciativa de dar a conocer varios de sus textos, los cuales publicó bajo el título de *Cazador conmovido*. A partir de ese momento continuó su tarea literaria en silencio, casi a escondidas. Raras veces leyó sus textos en público, muy pocos de ellos fueron publicados durante el resto de su vida, y algunos quedaron como simple homenaje a amigos o parientes. Pero aún cuando la situación que inspiraba algunos versos fuera ocasional, la anécdota se elevaba a categoría—según habría apuntado Eugenio d'Ors—y lo que quedaba escrito era, a la postre, un texto poético de validez universal.

En el presente libro el lector podrá seguir el desarrollo —crecimiento y maduración— de un poeta que compuso versos comparables a los de varios grandes líricos de nuestro tiempo, y bastaría como ejemplo la admirable "Oda a la plancha española", que si evoca por su título al Neruda de las *Odas elementales*, es mucho más que un poema de corte nerudiano.

Debe notarse que Wodnicki, a partir de la década de los años sesenta, adquiere una voz muy singular, aunque se adviertan en su obra más o menos cercanas influencias de Whitman, Rilke, Neruda, César Vallejo, y de ciertos poetas cubanos que le fueron queridos —Florit, Samuel Feijóo (viejo amigo de las peñas cienfuegueras), Lezama Lima y otros miembros del grupo "Orígenes"—.

Es necesario señalar de entrada, sin embargo, un punto de discrepancia con dos de sus más notorios "mentores". Más que el regodeo con la realidad circundante o el disfrute —a veces exaltado— del cuerpo propio —como ocurre en Whitman y Neruda—, Wodnicki realiza un viaje poético con un asombro cuestionador y una conciencia del cuerpo en tránsito a su ceniza que lo sitúan en la línea de los poetas filósofos, de Lucrecio a Antonio Machado. Ese viaje, que comienza con su primer poema, discurre verbalmente por medio de imágenes complejas, elaboradas, a veces invencibles en su hermetismo, siempre hermosas. La elaboración, ingenua en la poesía de juventud, va adquiriendo fuerza y elegancia a medida que el autor se sabe seguro de la eficacia de su escritura. La formación austera, disciplinada de Wodnicki logra, en su poesía de madurez, que la metáfora se simplifique, sin que jamás decaiga la voluntad de estilo del creador en favor de una expresión ramplona del pensamiento. Lo que persigue todo buen poeta es, precisamente, aunar esos dos aspectos de su arte, pensamiento y forma expresiva, para aspirar, como lo hace Wodnicki, a la belleza integral.

A los investigadores de las letras cubanas contemporáneas queda la tarea de estudiar con detenimiento esta poesía que aquí presentamos impresa en su totalidad por primera vez. A muchos textos que quedaron sin titular a la muerte del autor, se les ha dado por título —el cual aparece simpre entre comillas— su primer verso o parte del mismo. Los poemas aparecen en el libro en orden cronológico, comenzando con el más antiguo. En ciertos casos se han incluido varias versiones de un mismo poema, por haber sido conservadas todas ellas por el autor, lo cual hace pensar que aún consideraba el texto sujeto a cambios.

Aquí queda, pues, al fin para el disfrute de todos, el regalo póstumo de un poeta que siempre mantuvo en secreto la riqueza de su "puerto interno", título de uno de sus poemas que, sin proponérselo, caracteriza esta obra mejor que la más erudita definición.

Luis F. González-Cruz

INTRODUCTION

Moisés Wodnicki's case is reminiscent of Emily Dickinson's, who only allowed half a dozen of her poems to be published during her lifetime, but who, at her death, left a poetic output of considerable importance. During his youth, at the age of 23, Wodnicki took the initiative of making several texts known beyond the circle of family and friends, by publishing them in a small collection under the title *Cazador conmovido* [Thrilled Hunter] (Havana, 1952.) From this moment on, he continued his literary work in silence, almost hiding it from the rest of the world. He rarely read his texts in public, very few were ever published, and some remained as occasional homages to friends or relatives. But even in those instances when his inspiration was touched by a familiar event, the "anecdotal" was always transformed into a "category" — as the Catalonian writer and philosopher Eugenio d'Ors would have put it — and the resulting piece would possess universal validity and appeal.

In the present volume the reader will be able to follow the development of a poet who, at his best, withstands a comparison with several major lyricists of our times. One example may suffice to support this statement — his admirable "Oda a la plancha española" [Ode to the Spanish Flatiron], whose title may be suggestive of Neruda's *Elementary Odes*, but which is much more than just a text in that particular vein of the Chilean's production.

After the decade of the nineteen-sixties, Wodnicki began to find his own voice, although one can always detect in his work the influences of Whitman, Rilke, Neruda, Vallejo, and of certain Cuban poets that he admired: Eugenio Florit, Samuel Feijóo (an old friend from the literary "tertulias" of Cienfuegos), José Lezama Lima, and other members of the "Orígenes" group.

There is, however, a major point of discrepancy between Wodnicki and two of his most influential "mentors." More than the celebration of the poet's surrounding reality or the enjoyment —at times exalted— of his own body —as happens with Whitman and Neruda—, Wodnicki undertakes his poetic quest armed with doubts as well as wonder, and with a particular awareness of his body's finality, of the ashes into which that body will be turned. This view places him in the line of the philosophical poets, from Lucretius to Antonio Machado. Such a quest was realized by means of highly elaborate images, at times difficult to the

7

point of hermetism, but always of indisputable beauty. His elaboration, naive at first, acquired force and elegance as the poet felt progressively confident in the efficacy of his style. This also meant, in the long run, a tempering and even a simplification of his characteristic metaphors. Never, on the other hand, did the poet descend to the simplistic or commonplace. In short, he was able to reach the essential goal of any good poet, which is to weave thought and word originally in order to create an everlasting artistic construct.

To the researchers of Cuban contemporary letters now opens the possibility of surveying this "new" work we present here — the collected poems of an author who wrote them in secret and, without foreseeing it, for posterity to discover and enjoy.

The texts which were not titled are identified here by their first line or part of it; these titles always appear between quotation marks. The poems, whenever possible, have been arranged in chronological order. Occasionally, several versions of the same text have been included, their author having kept them all, a sign, in our opinion, that the piece was still being subject to modifications.

Here is, at last, the posthumous gift of a poet who always kept from others the treasure of his "Puerto interno", his "Inner Port" — the title of one of these poems which sums up their nature better than could be done by any critical definition.

Luis F. González-Cruz

PEQUEÑA ODA ANTE LA IX SINFONÍA DE L.V.B.

Abra tu júbilo las puertas de
    la mañana.

En el alba ésta que estás cantando
    un hilo de brisa descienda
    a temblar en el aguinaldo.

¡Aurora! ¡Himno amigo!

Golpee el brazo eterno en tu pecho,
    y al cruel aldabonazo
    suene el himno en tus ojos.

¡Húndame tu trueno!

¡Piedad! ¡Piedad, voz!

Dejadme el oído bien templado
    bañándome con él, el cuerpo entero.

¡Consume, llama! ¡Lame, fuerza!

Rieguen tus dedos con mis fibras
    el tembloroso aguinaldo.

Ahora que duele más tu tono,
    florecido tormento,

¡Loor a ti!

3 de abril, 1949

PALABRAS DE AMOR A GENA

Alza tu aliento hasta la estrella
y en un temblor de luz teje
hilachas de dolor,
que yo me pondré de corona.
¿Dónde está tu más escondida palabra?
¿Cuánto hay que sangrar para alcanzarla?
Déjame, tú, en perfume concebida,
regarla con mi sombra.
Mi semilla, sembrada en el surco
que me atraviesa y me hace transparente.
Resumen de fuentes, de donde
emanan cada uno de tus pasos dados.

12 de mayo, 1949
(En la mañana y escuchando
el "Vals Triste" de Sibelius)

PEQUEÑA CANCIÓN A TU LLANTO

En el contorno de tu lágrima
abre la luz su ojo
y mi canción planta jazmines
a lo largo de tu gemido.

Has venido a enjugarte el rostro
al fondo de este surco
arado por el primero de tus besos.

Muerde mi más doloroso destello,
mueve a tus ojos la sangre que mane
y deja que la aurora
parpadee mi esencia.

20 de julio, 1949

MEDITACIÓN EN UNA SINAGOGA

Hasta mis pies rueda el azogue maduro,
voz de anciano,
caravana de sangre que juega en reflejo;
ya está aquí el dedo de melodía
que oscila en las barbas
y cuenta lágrimas.

Ando sobre un haz de miradas
clavadas en tiempo desconocido
y sobre hombres que buscan liberación
en lamentosas tintas
y pliegues de mantas.

El Creado está en las fibras
de las tablas y las sedas.

Mas acá, mi verdad
no encuentra su lugar
y cuelga de mis ojos
su serenidad violenta.

15 de marzo, 1950

PASTORAL
(Oyendo la VI Sinfonía de Beethoven)

Labio amigo:
¡cuerda de aroma!
Baja al silencio
escondido tras las hojas.
Busca camino desgarrado
por alas y tormentas.
(El paisaje en correría
tras el sonido
halló verde imagen
en la flauta del pastorcillo.)

25 de abril, 1950

MUERTA

Entre mis ojos
hacen pausa los tuyos cerrados.
Baja por mis
mejillas tu inquieta muerte.
Ya voló voz rosada;
sólo quedan, al fondo,
montañas de lágrimas heladas.
Un ala de soledad
ronda sombras, mis hijas,
y la luz navega
hinchadas las velas a mi aliento.

9 de junio, 1950

VERSITOS CLAROS

A Gena

A la ribera de una lágrima
he alargado la mirada
hasta un rebaño de azucenas,
caídas risas de aurora.

Allá, entre los blancos latidos
de la hierba
un beso tuyo pace pétalos.

¡Si mi vencida voz libase el lago!
¡Si encendiese mi lamento en azucena!
Quizá, tu beso viniese a pastar
     pétalos en mis labios.

1951

A MOZART

Me paseas
ese cincelado de soledad
por el simple nudo de tu oreja.

Dulce mundo tejido
que trepa en antiguo juego
a la disonancia cotidiana.

Grande ala del descanso,
¡rapta mi espalda!

Antes de 1952

VIOLÍN

Rasga en las pestañas del alba
el color de un verso.

Vuela el júbilo
a hombros de mi sangre
y sé que alcanzará el cabello,
como aldaba, sobre tu frente.

Antes de 1952

AL CIELO DE DÍA

Poeta de perdida sombra:
¡aviso de alba te navega!

Desciende, corona iluminada,
hasta los sonoros copos
que oscuros gajos desprendieron
a mi más florecido nervio.

Devuélveme, tú, encendida paloma,
mariposa de mi sangre,
dolor perdido anoche
al borde de tu mirada.

Antes de 1952

MUSEO RODIN: JARDINES

El jardín, su lujo pardo, desenreda
en ligero motín de bellotas la llovida
mortaja.

Un pinar ensartó al color su
asolado puerto. Encaja por mi paso esta
hirsuta bambalina.

Alguna rama, titiritera de última gota,
se divierte al relente del bronce mojado.

Es ya la hora y la provincia, en
desencajado hojerío, se tiende a
las estatuas.

La niebla, muy bajo su raído desfile
por los pedestales, desata fervorosas
griegas.

Varada, erguida, la flota en boscoso
traje.

Me vuelvo, en el paseo, sobre la
cornada de piedra al humoso desaliento
de las hojas.

El labio, apretado a espesa baranda,
se sorprende de alguien que pasa y
habla.

Revista *Ateje*, 1952
Año I, No. 1

"YO NO SÉ DÓNDE NACIÓ NARCISO"

1.-   Yo no sé dónde nació Narciso
ni si cayó de la enredadera
y es bobería decir que nació solo
brincándome desde la pucha
con que se abanicaba una matancera.

2.-   Era travieso Narciso.
Gateaba temprano
el humo de mariposas
que colaba Dorotea,
y encaramado se
iba a la sombra que empinaba
el río en el celaje.
Aprendió a cabalgar jutías y
de sol un traje, a volar por
los topes haciendo con
cocuyos encendidos malabares.

3.-   Un día se clavó, juguetón,
una astilla de jobo, por
encima de la costilla.
Le chupó el corazón el florido dardo
y se le hizo la sangre de palo.

Tanta maña se dió
para hablar con la madera,
y entender, amoroso,
recostada la mejilla
a los troncos de las palmas
que escogió para oficio
el de carpintero en la comarca.

Antes de 1953

"FLORO ESTÁ ENTRETENIDO"

Floro está entretenido desmoronando un terrón
    en los dedos. Es la viruta de la seca.

Vino ya, mordiendo poderosa el pellejo verde de
    las hojas.

En el surco abierto para la yuca germinará el
        hueso de la ternera como un complicado helecho,
    blanco y duro.

El mediodía va montando su estupor en el ala
        del pájaro más rápido.

Floro, que ha vivido solo desde que se murió
        Elvira, esperó la seca este año y ahora le
    estrecha la mano reverberante.

En dos meses se comió él los pollos y el
        puerco antes que el polvo le jalara la lengua.

El sabía del algarrobo en el traspatio.

Todos los días se iba Floro a su sombra y
        una nube, de las que pasaban su greña
        bien despacio, caía tiznada del celaje, y
        se guindaba del ramaje en una fresca
        columna desflecándose de lluvia.

En un círculo hasta donde alcanzaban los
        brazos abiertos de Floro, se rompía su
        lluvia particular, levantando los tomates
        colorados, sus cachetes los melones
        y gozando se enredaba Floro en el agua.

Antes de 1953

LA NIÑA DE ALBAHACA

Se apagó la luz que crecía en la hierba; entre sombras de algarrobo, la silueta del hombre se estira desde la ribera y viene un soplo sobre el sueño de Aniceto, despertándolo. Hunde el rostro en la boca y escupe.

—¿Ya?

El recién llegado detona una respuesta con los labios casi cerrados:

—¡Ya!

—Y cómo... ¿Cómo se siente uno?

Jacinto cabalga la joroba de un mangle colgados los pies sobre la mazamorra del río.

—Así... no sé. Uno odia, odia... y odia. Uno se lo sacude, pero no cae.

Sacudió de tierra sus zapatos y la frente comenzó a irisársele en el agua.

Aniceto levanta la cabeza y cruza los brazos bajo la nuca.

—Oye Aniceto, yo soy de los buenos. ¡Comprobao así! —E hizo un gesto como si se clavase algo en la hebilla del cinto.

—Cuando llegué al sitio ella miraba un bicho quemarse en la lámpara. La llama se puso a cruzarle la cara, de la boca a los ojos. Era así, como en el Libro de Lectura:

> ...*apenas asomado el pelo al hueco del vestido.*
> —*Maestro, y ¿esto?*
> —*Un lazo.*
> —*¿Y aquello?*
> —*Un quinqué.*
> —*¿Y lo de más allá?*
> —*Una mariposa.*
> *Luego restregaba su dedito ensalivado tratando de borrar en la lámina las manchas del lápiz...*

Ahora Jacinto tenía la piel como si algo golpease bajo ella. Comenzó a temblar.

—Duró toda la noche, Aniceto. Yo hubiera estado mirando desde el cantero. Ella olió al intruso entre el aroma. Se viró. Y se perdía.

...se me pierde aquella niña cuando empieza a romper la tiesura del almidonado con el empuje de mujer que trae dentro...

Jacinto se puso a revolcar sus manos en un pedazo de luz caliente que caía, insegura, desde las hojas.

—La olí. No olía como nosotros, Aniceto; ni como el piso del sanatorio. Algo, retoño de hierbabuena en los poros. Y yo, como si pudriese un perro en los labios. Empezó a resollar, era un fuelle a mi cuello. Humosas las mejillas; la frente, pálida.

Ardía yo. El aliento me lo lanzaba limpio, la garganta hinchada de aroma. Jugar, jugar blandiendo el brazo al aire azul que se abre en los dientes como flor de niebla.

Levantados los dedos sobre la dura palma de sus manos se los coloca frente a los ojos para mirar entre rejas un paisaje adorado.

La bajé, muerta ya, al taburete del portal. Partido el cuello en la arista del respaldo, la cabeza quedaba en fabulosa borla al viento.

Al tumbo de luzbrillante se encendió un revuelo de jejenes cayéndole zumbante en la mortaja.

La bata, un surco entre los muslos, le varaba las manos huecas.

—Ay Aniceto, aquello no se lo apagó la muerte, le sigue pura albahaca la piel.

Revista *Ateje*, 1953
No. 2

SIN VIAJE

Pulsando abrojos caídos
del sueño a mi regazo
alzo quillas a la noche
que inicia ornado itinerario.
Techo de estrellas emplumado
pliega su montura.
El cadáver de un astro desmontado
(un asta secuestra mi frente)
suelta amarras en el cielo.
Por nervio trémulo cimbrado,
despierto para la ruta y quedo
de mis sortilegios olvidado.

Revista *Signo,* 1954
Año I, No. 3

LOS CABALLOS VERDES

—Sebastián sabe, él mismo lo vió empezar.

Eso le decapitó la risa, cerrado el puño en la botella como si agarrase el susto en un solo mazo de ron. Cuatro lo miraban tomar al bamboleo amarillo de luzbrillante.

—Compadre, eso es mío. De nadie más.

La bodega de Angel está en La Curva, como cogiendo para la Central. Allí, los tres que trajeron las reses desde Jatibonico, acorralados por la noche y el fango en leguas y leguas, tiraban la incredulidad a mochazos en la voz del viejo Sebastián y en el fingido azoro del bodeguero.

——Ah, hombre, no trago.

——Vamos, Sebastián, que no somos de esto por aquí y la virada es larga, y así nos vamos con el cuento, para ir tirando el camino.

—¿Y si la rural carga con el Moro?

——¿Nos ve cara de apapipios?

—El Moro vive detrás de los corrales y Casio anduvo un tiempo en el reclamo de un potro que crió y tuvo que vender por las lombrices de Andrea, la pobre. Cada vez que el Moro salía a la Central con su bulto de lienzos para las caseritas del Ingenio, Casio venía y se le agarraba a la oreja: "Me pagas los veinte pesos, me los pagas o me llevo el desgraciado caballo". Y el animal estaba entero, alegre de patas y entero.

El Moro, a lomos de la querella, hincaba espuelas.

Aquel día era uno del temporal, desflecado golpe de agua que vino tumbando pencas y pájaros. El Moro apareció en un portal del caserío; deslindados los ojos, muy movidos, él habla con lisiadura de rabia: "Zafó y arreó con él. Me dejó a pie... con el agua... y el agua. Si lo agarro... Ay, si lo agarro... le reviento la bestia... por mi madre, se la reviento".

A los dos días quedó Casio en los horcones de la cerca de lo de Ramón, las cuencas viradas al cielo rebosando lluvia y sangre, como dos charcas coloradas. Y ni Moro ni potro. El muerto al garete.

Velamos al pobre, chorreándole llovizna la caja. ¿Y quién se iba a meter las leguas hasta el cementerio, los rayos como sables y al muerto asomándole el camisón empapado entre listones de pino?

Así partimos la zanja en el corral y sembramos el semillón extraño. Entró la guardia, bajando tiras de lluvia de la capa y los fusiles.

"Que no se puede tener un cristiano plantado como un perro. Arrean con él, así y todo, para el camposanto".

Arrancamos como una raíz la caja.

A lo largo del camino blando, la lluvia iba tumbando el muerto a pedazos de carne y tierra por la tapa deshecha.

Quedó el hoyo negro de hondo en el corral, y cuando el río se desenredó por las casas, dejó la zanja como lagunato. El agua chocolate, llena de erizado viento y humoso odio de Casio por la especie de los caballos. Que no viera el difunto el hocico de ninguno por su charca. Aquel, el agujero de Casio, tenía agarradas el agua y la brujería de no bajar en la seca.

Venía yo de las Tunas. La noche bien sujeta en los matojos al lado del camino, que parecía colgado. Mi caballo con un derrengue que me tiraba la espuma del belfo a las polainas. Muerto de sed. El cuello estirado y bajo, rastreando alguna hilacha de agua entre las piedras.

Se paró, el hocico le había tropezado en el agujero. En las riendas le sentí beber, lamiendo desesperado.

Pero el vientre se le hundió, misterioso, en la parrilla. Perdía la redondez del lomo bajo mis nalgas. La cincha, antes amarrada a fuerza, aflojó su abrazo. Sentí la rienda tirante, con el peso de su gran sueño, al extremo.

Quedé como una horquilla, con el caballo echado de flanco entre las piernas.

El día empinó. Reconocía yo talanquera, corrales y la casa del muerto.

La bestia, ondeante la crin en el agua, muerta. Y empezó todo. Las yeguas de Andrés las largaba el sueño y la fiebre. Dondequiera, los potros reventaban con largo humo verde, zumbante de moscas levantando del hueco de las narices. Los dientes, regada la risa en las fauces podridas. Mi potro bayo fue el primero.

—¡Mentira Sebastián!

Revista *Signo,* 1954
Año I, No. 3

MILAGRO EN EL DAMUJÍ

Genaro picotea con romo dedo duro una cuerda de su laúd y me cuenta.

Me cuenta de cuando Anselmo se molió del pie a la rodilla en un trapiche del "Constancia".

Anduvo por el desembarcadero, el muñón un fleco, agarrado a las estacas, la pierna ausente desgarrada en plena cara. No puede envejecer un hombre empalado junto al agua, como una garza añosa, engarrotada la rabia hasta las canas.

Ordenó tornear de majagua una pata de palo, que por malas artes de Ramón, el carpintero, resultó torcida y baja.

Echada, en la tarde, limpia siesta en las tablas del muelle, el peso del palo le tumba al agua su burdo miembro. Se calzaba del río verde brillo y le ronda veloz gracia de biajaca.

Despierta a golpes de choteo:

—Se te pudre la pata, Anselmo.

Pero qué va, un día le dio un brinco de escamas, lo jaló la pata al río y se fué nadando, plateado, hecho todo un lindo peje.

Revista *Signo,* 1955

ARBORECER

Este ejercicio es mi salario. Es la hora hundida; lo que recojo, vuelto a mi médula por la noche, en los dedos de un día poderoso. En el paseo por la vertiginosa estación de mí mismo llevo el doloroso candelero que me ha amasado el tren enfermo. Avanzo mi leche llena de alas, como un ángel cansado a la ribera misma de la luz y que rinde lágrima de letras a las arpas que vendrán mañana. Soy los huesos de un río, el mástil desembarcado, la quilla de seco lustre, la greña de los árboles detenidos de un otoño apresurado.

1955

This apprenticeship is my wage. The shallow hour is what I gather in the fingers of a powerful day, turned to my marrow at dawn. In the tour through the vertiginous season of myself, I carry the painful chandelier molded by an ill train. I run my milk full of wings like a tired angel who renders a tear of letters to future harps at the very edge of light. I am the bones of a river, the debarked mast, the dry-polished keel, the entangled mane of still tree branches of a hasty autumn.

1955

SOLILOQUIOS DEL DURAZNO

Me rondaron la piel afelpada, aquel otoño, las secas hordas de las hojas, su dorada armadura, tibia y crujiente. Yo era el fruto contento, el lamparón sonrosado del valle, colgado al viajero relumbre del cielo.

El oro del mediodía me entregó su ángel. De miel la vestidura, le bajaba de las mejillas, batida toda su textura en revuelo de abejorros. Redondos y muy bucólicos eran sus ojos, como la flauta vegetal de los pastores.

Iba el hada haciendo candorosas arrancaduras a hierba y flores. ¡Cómo se entregaban los pétalos a la muerte en el paseo inocente de sus dedos! Riente recibía espadas en los zarzales.

Y era su risa un preludio agridulce, con desolado ruego a los duraznos maduros. Yo, arrebujado en una esquina de luz, temía su mordedura al descuido.

Navegó aquella ninfa la enramada de mi cobijo y cuando sospechaba ya los preludios de su partida, abrieron sus labios mi pulpa encendida.

Al ver la doncella de miel mi más recóndita semilla, alzó su espanto a otros remotos y tristes prados.

1959

Brief bride of the rainbow,
announce that your fabulous
flame has been blown out right
             by a girl's dawn;
the simple pen of a green God,
you fluttered honey tales by the
petalled ears of earth.

It is your hour to be a
careless drip of skies on the leaves.
The hour to be gathered by the wind
and flown like wild dart
to the roof of all gardens.

1959

BRIEF TALES TO A FIGURE HEAD

I

You are the figure head of my vessel-brow.
…the storyteller…

II

The bones of a seahorse trapped in the
eyelashes of a young poet after his
first wave of tears.

III

This cock led a lethal love affair
with a hawk the night he impersonated
a high flying hen.

IV

This silly goose,
from Mother's famous rhymes,
wants to dress in garlic,
wants to fry in a pan
and be given away to the orphans of the war.

V

The sacred cow which nursed the
childhood of the lonely fire eater.

VI

..a dog, half full of moon...

VII

The relic from the ghastly tale
of the troubadour who hanged himself
from a desert's Judas Tree and
left his guitar to swing from a
neighboring branch. By dew, the
vultures came to pluck at his guts.

One bird, in voracious haste, stabbed
the guitar's wooden belly. The winged
horde scattered, bedeviled by a
wailing serenade.

VIII

Poor baroque butterfly!
She populated fragrant cities of petals
but found her end pressed between the
pages of a delicate "Ode to the Violets".

IX

When Platero died he was buried above
ground and the roses kept growing
through him, like blooming spears.

Captions for Doodles: 1965

The children of the village were sad without Platero.

An old carpenter carved the statue of a donkey in the golden trunk of an oak he had saved for his own coffin. It was placed on the center of the square. But the children still mourned. In time, heavy dust and rain filled the holes of his eyes and polished every crack in his wooden body. During the vintage, the muddy orbits grew two pools of grass while silver moss sprang from the neck and between his ears. With the morning wind through his eyes, the donkey blinked green and his vegetal mane was swiftly woven by cool invisible needles. On holidays, before Mass, the children rode him around the belfry.

1965

SNOW BY NIGHT

To Ruth

Snow: wind swirled
curling its misty manes
from a drove of rooftops:
they gallop the night hills,
a village of icy dragon scales
into the blind brink of time.

February 7, 1967
Revised: 11/19/1992

THE COUNTRY
(Ruth's Homework)

The country is a city of
woven leaves
and blossoming windows
for winged passers-by to
look into the miracle.

Avenues for bees,
corners for hummingbirds
and lightbugs
signaling "go"
to a fast traffic of spring
wrecking its color
in the soft waters of floating parks.

1967
Revised: 11/20/1992

PORT OF CALL

This arm like a shore,
docking foam and feathers,
a dark pier of voices,
strumming with Rain-fingers
the musician in your brow.

This arm is a last harbor
for a herd of white sails
blown, cast away,
wayward wings, torn.

Resurrected, one more flight
in the bones of a crest.

One
From *The Land-Locked Surfer*
July 14, 1968

PHOENIX

Yesterday you were an antique albatross,
innocent carcass crucified on the reefs,
bound and woven
by a blossom of corals.

This sea docks its hushed beat
inside your grey hull of ribs
and lifts to your sockets
a glance of ashes.

Algae hang their flapping
plumage from the ghost
of your wings,
and rise you
to fly my epitaph.

Two
From *The Land-Locked Surfer*
July 15, 1968

THE INNER CRAB

The crab is an animal of great depth,
it knows the geography
of my breath,
the reversal of my remembrances,
the hinterland of my eyes,
and bottom of my screams.

He is the clawed gargoyle,
the pallbearer of its own carapace,
the wayfarer of my marrow
in dialogue with
the inner side of my breasts.

Three
From *The Land-Locked Surfer*
July, 1968

DECREED APPARITION (EDICT)

I say yes
to twigs
and evanescent blades of grass.

To thorns I say:
bring bounty on your quilt
and write me a nest as a crown.

Under a mane of sparrows,
galloping jeweled madrigals,
I am Knighted by dew on my shoulder
— a ruler ablaze —
to decree your apparition.

Four
From *The Land-Locked Surfer*
July 16, 1968

"THE SHIP"

The ship is a wingless bird,
a toy for desperation.

The sight of wild old moss
dragged in the foam.

I, a navigator from the beak,
abandon the feathers to the tides
denudating the interminable pit
which throbs its hollow, like a dust-heart.

Floating feathered trail
I am left, the beak between my blades,
to fly like a dark insect.

INVITATION

At five in the morning if you find
your eyes burned by this haunted word
be my darling and have an ash sight
for a day.

Ash sights are profound gifts,
they'll bring you
the dead mermaids to echo suicides
in the cement of their statues,
and you'll have a feather fallen
from the sailor bird drowned at sky
to write all day.

At five in the morning if you find
your mouth hanging as a ring from
the bare branch at your window,
be my darling and leave it to the vultures.
It's a precious gift to have your lips.

MIDDLE YEARS

I can't cry any longer in
    the handkerchief of philosophies,
I have given my hand to "understanding"
    and walked up its ragged steps
to see god's masterpiece of solitude.

The sweet wine
stands alone,
a long streak, still moist,
measuring my blood.

I live at my middle,
speared on each side by the stems of my song.
The core is a thick wind,
a column of fog,
rooted, healing its own ground.

"THIS DAWN CALLED TO THE WINDOW"

This dawn called to the window,
with strings of eyes
is coming as slippery chamber strokes.
Soon hangs its grey meadows
on the sills
and goes, exploding her own
museum of voices.

The maiden, I mean,
the one who disappeared
and now ascends the crystals with talking herbs
instead of hair.

Slow, slow, green chant of mine,
your foggy bow seeks,
among wounds of a passing gull,
tonite's sea wind.

In this night, the moon
rises statues to a silent auction,
and the haunting tear of a goddess
is sold to my vagrant sailor.

CYCLE BY ANYONE WHO HAS THOUGHT OF IT

I have been around and around with I:
Man is a naked ring.
The resonance of the echo of I
when I imagined revealing that I
was at the beginning of I.

Then there is this legend of I,
who walks by the shore
to see something at a distance
calling an endless I.

Something is alive!

From the sands there is Man,
Anyone.
At the bottom of tonight
Enormous Man, Anyone,
was found to be Brother.

Something alive Enormous Man Brother
Untied the embrace of I
and swam to be a Fish
to the other end of I.

VISION WITHOUT ANSWER

At night I can read the underside of shores
waking me to ride the stallions
on the barren skin of your grave:
a tomb can be a playground
with hushed hinges parting the blades of grass
to a dark musty kiss.

Now your sky is the underside of forests,
roots spearing your eyeless sight
and nailing your throat
with a last scream of dust.

Tell me with a whisper of mud
that I can tool with the ghosts of words:
those supplicant vessels that sink
raising the oars like featherless
carcasses of seagulls.

Now you answer the underside of questions
when I puzzle over foam
and cannot decipher the vertical scriptures
on the bark of oaks.

Your answers go to their soothing errand
until they stand very still
in the soft killing grounds
to burn and sway like nomad torches.

In a scented whirl of light I will see you:
Oh, I will know you amongst the candles.

Summer, 1970
Revised: 11/22/1992

VIEW FROM MY DEATH MASK

You, Bird of Martyred Violins,
coming down the snowed bough
into my window.
Grow there
and make me a wing of
black willows.
I shall follow thee
through every ripe season
of harvested sages,
through every petrified route,
to a face of oceans,
with its storm of lips
detaining me
at this first death
to glance
from above the bronze beaks
my tour
of agains and agains.

Revised: 11/22/1992

SIEMPRE

La pascua es un pájaro redondo
como un aro de alas blancas
y repetidas
que vuelve
a posar sus nieves blandas
en mi garganta.
Siempre te vas...
Te fuiste siempre...
El ave de ayer, de mañana,
que hace su círculo de encaje...
siempre.

1970
Revisado: 9/11/1992

THREE CODES
(ENIGMA VARIATIONS - AFTER ELGAR)

Oh, to hear again the iridescent child
tapping under the window panes of the seas!
Let him soar!
Let him at last crash the crystal foam
with his three fingered arm!
Since nostalgia lost its dignity,
I can only rest my brow
on an eyeless figurehead,
the carcass of my own ship,
mossy and wet,
wrecked in the lapping beach.
With a longing for an anchorless
return to our three memories,
to laughter
stumbling over the fog,
uttering one love
in the trinity.
It is getting late
and the enigma will never be lifted
from our three interlocked sunken cities.
Dive if you can,
blossom in a vision of feathered fins
and jeweled scales.
I am a drowning diver
in three cavernous relics:
one baroque coral Hebrew limerick,
one dark phantom slab licked
by the infinite algae
and one sand goddess
with a petalled grasp to render
me again incomprehensible.

Summer, 1971
Revised: 11/22/1992

LETTER TO MY SON

You can stand on the ashes of my vision,
walk on the top of trees
stained by the rugged barks,
immune to the burn of my flameless memories.

Somehow we will reconcile beyond my time,
and you will find a grasp beyond my fingers,
and the secret will drill past the earth covering my
                                        [ears:
you can then gather and plant
on the wild grass growing over my chest
to harvest past our rage.

There will be winged lessons
taught with feathers plucked
from the breathless eagle
tired of triumphs
and we will fly to God's secret bride.

Enter the gates of my breath!
Dive into our retrospective forests!
See yourself being vested
in the anthem of my kingdoms.

                              May, 1972
                              Revised: 11/19/1992

TO A DISILLUSIONED GERALDINA

When I tear the sand eyes
    off the old torrid child
we will grow a new snake skin
    of acorn scales
and dip the antique sugar cane
    tongue in the northern lips
of your lake.

But with not forgotten blood
    speared by royal palm trees
in their persistent cemetery
    of blooming masts
still a prisoner of muddy
    mangrove roots by sweaty
island rivers
    much has to be smothered
in icy dew
    for an infinite Viking to be born
without the breath of blond wastelands.

Perhaps the disillusioned
    blue-green playground of your vision
can yet resuscitate a nebulous
    pine-tree toy
I have never played with.

July 5, 1972
Chauttauqua, N.Y.

RAGAS EN CHAUTTAUQUA, N.Y. (I)
(Ravi Shankar)

El pasaje blanco de tu mano
es el suicidio del encaje.

Yacen las cinco cuerdas en el pavimento
esperando la ronda de los niños
y el velorio de extraño condimento.

Miro el reloj en el ceño fruncido
 de las viejas
y veo que es tarde
 para resucitar las claves
y las tumbadoras.

Busco entonces tu brazo
desencadenado,
que cuelga del cielo,
como un péndulo vacío
y lo agarro para la
danza de los gemidos.

Brazo que pareces abrazo
¿en qué país está tu cintura?

Verano, 1972

RAGAS EN CHAUTTAUQUA, N.Y. (II)
(Ravi Shankar)

El derrumbe de la espuma
sobre los techos de juguete victoriano
es desde el cielo al pavimento
como un suicidio de encaje.

Las cuerdas yacen como
ronda de niños
muriéndose en un velorio
de extraños condimentos.

Las viejas miran los dedos del indio
zafando los aullidos
en la barriga pulida de la cítara.

Y la noche es un reloj oscuro

y no puedo resucitar
        ni la guitarra
        ni el tres.

Entonces es cuando descuelgo
        el brazo degollado y vacío
y torcida mi cintura
        en la semblanza de un abrazo
le arremeto al tango indio
        tieso y frío.

Verano, 1972

A RING, A WAVE, AND A CANDLE
(For E.A.).

When a tear is a
wedding ring,
wearing its round
foreverness
in a clock,
in a wheel,
you will stand betrothed
around the circular veins
of time.
When a tear is a
wave of foam
breaking its lacework
in bridal tiaras,
in castaway veils,
I will surf as a coral anchor
when the ebb retrieves
its groom of sand.
When a tear is a
candle
ferociously shadowing
the creases in your brow,
the light visits an altar,
a forest
on your cheeks
where the present is not
but the future is not never.

NOTES ON THE POEM
A poem about resurrection and reunion woven around three themes.
RING The roundness of time, the foreverness of a betrothal.
WAVE The persistence of a seashore, where bride and groom insistently meet
     and the altar, a face.
CANDLE That becomes a cathedral, a place of worship, adoration.

October, 1972

POEMA

El poema sucede en
el arpa mística de la arena
donde se parten los portones
de la garganta.
Detrás de los párpados
sucede el poema,
en la geografía del aliento
y en los cementerios
de las espumas
cuando en el aniversario
de los naufragios
vuelven a flotar
los marineros verdes
con barbas de musgo ondeantes
y el coral en las órbitas
rompe las olas de lágrimas.
El sitio milagroso del poema
está en un pueblo de fósiles
detrás de los cortinajes arrugados
del sueño.
Si trazas la pregunta
del verso
con la pluma de una gaviota
te contestará el filo del vuelo
con su herida larga.

Diciembre, 1972
Revisado: 11 / 1992

AL HUÉSPED DESCONOCIDO

La noche que di una zancadilla
en tu sangre
eras un borbotón bermejo corriendo
a llenar el hueco del mundo.
El día sin viajeros,
amaneció en una lágrima,
porque ya no hay más alboradas
de forasteros con bultos al hombro
ni extranjeros que parten pan
en las posadas de mi pecho.
¿Cuándo fue la última vez
que mis ojos eran
la escudilla donde bebía
la confianza del extraño?
Y a mis labios venían
del sur los jóvenes, y del norte
las canas de los desarraigados,
del oeste el aliento de desespero,
y del este los soldados sin piernas
que aún podían llorar
en los puntos cardinales
que convergían en mi regazo
como en gran saludo.
Quiero devolverte ese seno de
tierra fértil y tierna
y rehacerte generoso
y nutrirte en mi frente de hospedaje
abierto.
Yo soy el viajero de lengua torpe
que viene a sombrear
al umbral de tu piel joven
y llego también extraño
con mi bagaje de desaciertos.

Si me reconoces caminante
desconocido
con respiración de polvo agrio
déjame dormir a mí también en tu habitación
sin espantos y sin espuelas
apuradas,
en la encrucijada de este encuentro
breve.

Fines de diciembre, 1972
Miami
Revisado: 14/11/1992

QUINCE REBUSCAMIENTOS SOBRE UN TEMA DE BRAHMS

Pastor del rebaño de cangrejos
con carapacho de marfil
donde compone su oratorio
el hollín de las estrellas.

Mamador de las tetas
torcidas del silencio.

Emperador del susurro.

Muñecón de las carrozas
del estruendo.

Inventor de la penumbra.

Diseñador de los garabatos
de la niebla.

Alquimista del simple hecho de lo redondo.

Jaula de los revuelos de la luz.

Oreja de plumas
que trinan en el reverso
de las horas.

Monje en catedral de escamas,
diciendo su misa de olas en
el recoveco de caracoles coruscados.

Mástil peludo de la barcarola
encallada en el reposo.

Campanada que despierta
el beso dormilón de las hadas.

Titán del acorde caliente
que se enreda en los
esqueletos.

Jugo claro de los
aviarios sonorosos.

Y, entero acordeón exprimido
por el suspiro circular
de las mareas.

Enero, 1973

"PÁJARO ASCENDIENDO"

Pájaro ascendiendo la
escalinata de su
propio gorjeo,
— novia secreta —
el follaje
verdecito-gris
donde enredaste
tu garabateado
itinerario
es ahora un
pueblo de polvo
los pedregales
luciendo su
soledad parda,
las ventanas ciegas,
los espejos
petrificados
y la torre de la catedral con
el puño cerrado
en la campana.
Avecita, con todo
ese garfio
de silencio enganchado
en tu cola,
y el plumerío
como un encaje
de abuela: amarillo
y viejo.
Eres un bergantín
de remos emplumados,
con tu viaje redondo
en el puerto de
mis brazos,
navega mis lágrimas
corriente arriba

y encalla tu
pico de tierno filo
en el tejido mi
tuétano.
Te toqué una
vez y me dejaste
mi revuelo de
luna en la
punta de los dedos,
que quedaron
convulsos de esa
hambre para siempre.

Junio, 1973

"BIRD ASCENDING"

Bird,
ascending the web of your own song,
— secret bride —
the garden on which you entangled your
scribbled itinerary,
is all a town of dust now;
its cobblestones shining
their opaque solitude,
its mirrors petrified
and its cathedral closing
its fist around the bell.
Little Bird,
with silence hooked
on your tail
and your plumage like
my grandmother's lace: old and yellow.
You are vessel of feathered oars,
with a round voyage in the seaports of my arms,
sail against the stream of my tears
and plummet your tender beak
in the woven threads of my marrow.
Caressing you only once
I was left with a flutter
of moonbeams
at the tip of my fingers
convulsing their freezing hunger forever.

June, 1973

LA INMORTALIDAD DEL DESEO
(Rescate)

La hora del dolor está parada
    en las entretelas de la luz,
    con su cólera de colores.
    (Es el alba).

Es el momento en que el lobo
    pardo del amanecer
    con su olor seco, pajizo,
    aúlla la inmortalidad del deseo.

Traspasado por ese monstruo
    que se levanta dentro de mi piel
    vivo mi día como una
    danza aparatosa.

Y si no llegas tú y tus
    cenizas de ángel
    a jugar con mis esperpentos despertados
    a divertir mi coro de mudos amortajados
    ellos me hincarán en el ceño
    sus dos oscuras banderas de harapos.

21 de julio, 1973

EL VIEJO

El viejo se vuelve transparente,
la piel se le deshace
en un vaho amarillo
y las arrugas quedan
descarnadas y solas
como hilos negros
colgados del alón de
los sombreros.
      Tela de la araña
de dios,
      tejida alrededor
de juguetes colorados,
su moho pardo
      callando las campanitas incesantes.
      Velo de novia
destejido,
      tieso en la cara
borrada del maniquí.
      Veo a través del
sudario
      el tiempo como
espuma de popa
      cada burbuja
llena de punzadas.
      Y mis más antiguos
besos enredados en
un viñal de arterias
sin latidos.
Ay, violón de panza
seca.
Ay, cuerdas estiradas:
      ¡bostezando!

30 de septiembre, 1973

CASI UN SUEÑO

Anoche apenas me despertaron
    las sombras de tu cara.
Entre los barrotes de mis pestañas
    separándose.
Te detuve en la celda espesa
    de mi bostezo.
Desvestida de los revuelos preocupados
    de tu voz
    y prisionera congelada de mi silencio.
De repente, se me abrió el poder
de deshacer las distancias petrificadas
    de los relojes
y de ponerte a bailar de nuevo
    en las arenas,
girando tus sayas de aguas
    turquesas,
esperanzada en aquellos poemas
    como enredaderas apretadas
    a tus sienes.
Y por la playa hamacada
    en el ritmo de mi aliento dormido
me uno a tu tropel descalzo
    de sueño sin fin.

Muy temprano,
una mañana
en el invierno de 1973

DIÁLOGO ESPERANDO

Cuando trazo el fin de la luz
       en el medio del sol
con el borde de una canción
       que va cayendo iluminada
como nieve fina,
es que te digo: "Se muere el adiós,
se van los despidos
se quedan los pañuelos
meciéndose en el mediodía oscuro,
estandartes de la derrota,
el asta encajada en el país
seco de mi mejilla".

Cuando viras los violines
       de espalda
en medio del concierto blanco
       de las pascuas,
es que me dices: "No oigo
el convenio de las promesas
en este puerto callado,
ni espero ya barcarolas enarbolando
los contratos escritos en las trenzas
de los besos,
soy centinela en la estación inútil,
guardián de los andamios descarnados,
sentada en los rieles, contando
las flores pardas del mohín,
alerta a que se anuncie con trompeta ocre
el último vagón del invierno".

Diciembre, 1973

"A MEMORY: A WALK AT DUSK"

A memory:

A walk at dusk in hometown, a pastel colored provincial city by the shores of a labyrinthine seaport in the southern coast of central Cuba.

Winter already breathes a soft chill into autumn's yellowing farewell.

Wandering… I reach a forgotten square in the outskirts of town at the end of a weed covered road of fractured flat stones —the few houses around it had been deserted and they look at the disordered vegetation through blind windows.

I had entered the municipality's cemetery for discarded statuary.

Fragments of monuments, marble plaques, severed heads, limbless torsos, mythological beasts and Olympic creatures lay in tormented disarray as if a brigade of blind horsemen had razzed their convergence at a midnight ghostly ceremony.

April, 1974

ON STATUES

With their fog-colored lives at the other side of myself. Expectant stones, their frozen breath, their glaciers of tears eroding their solid vision.

During the sun-drenched day: what strident colors have made ardent, intrusive love to the hardened dust of their skin, what sparrows on their shoulders have unraveled their sound jeweled breasts into hushed sanctuaries of their chiseled ears?

Now at dusk; the mist stealing their pedestals, they float their majestic silver stiffness in an interminable carrousel around the fountains: the archangels, the roman emperors, the nameless burghers, and dictators in rank with centaurs, vestal goddesses and titans —a sacred brigade, dancing their silent *ronde* dislodged from time.

And I thought: Here is the movable monument.

"I THOUGHT"

I thought:

What a proper and very precise abode for this bare movable monument— in its orbit of hunger, returning insistently to this night, to this interminable death and unveiling.

Dictators, torn in their withering tunics.

As they are vandalized by forgetfulness —under the grind of history— their countenance, recast and glistening, will resurrect tomorrow in some other garden.

Tumbled, disarrayed, spearing with their rusted iron ribs, the guardian nymphs in fabled cacophony.

SCENARIO FOR TYRANTS
(Memory and unveiling)
For the occasion of the initiation of new members
into the Xi of Pennsylvania chapter,
Phi Beta Kappa, University of Pittsburgh
April 27, 1974

The revelation of the tyrant is a round act,
the act of tracing the simple circle of a tear
on the dust-powdered blindness of the night's statues:
their pallid heads adrift in a gray luxury of mist.

My mouth is filled with moss
when I stand guard held by vines and mooncrust
amongst a breed of stupefied caryatids,
the twisted seahorses,
and the wilted hordes of birds,
spouting ashes
in the fountains of the midnight garden.

On with the shadow play in the wisteria:
it tells the coiled saga
of priests and scarecrows with
scepters of screams,
to the petrified time in the unmended heroes
riding their wrecked horses;
to the patriarchs watching
from the underside of their eyes;
to the senators with cracked vision;
to the presidents making the curled design of foam
perfectly clear;
to the icons with a tantrum of archipelagoes;
to the emperors draped in gauze
burned by the
wounds of the tender objectors:
those enormous incurable flowers;

to the discolored soldiers
growing bleached crosses
in the poppy fields,
wearing the trophies of their insomnia.

This tragedy is the simple act
of undressing the tyrant
as he glistens bare
over the scaffold of my chest,
the simple interminable act
of hanging his solitude
from the nozzle of my woven veins
swaying his slow
choreography of desolation.

No applause:
all the marble chipped sockets
are dry with wind and earth.

"BAJO EL CIELO ALTO Y CLARO DE CATALUÑA"

Bajo el cielo alto y claro de Cataluña, Don Quijote se murió de cordura.

La primera flauta del día le había bajado hasta tocarle los ojos amarillos.

El filo de la luz gris le bajó los párpados y la carne transparente sobre la pupila, le daba otro cielo, un velo punzó que le agarraba la esclerótica reseca y se le sembraba de un bosque, arterias de trayectoria enroscada que le enredaban la visión pálida.

Se sintió la garganta tirada por el trote blando del pecho.

Los brazos los había abierto, palmas arriba, para que la muerte lo clavase en la cruz desmoronada de la tierra.

Se le fue el soplo que apenas lo esculpía dentro del pellejo y se quedó como un lienzo pintado y abierto en el césped.

Verano, 1974
Miami Beach

"POETS"

Poets, friends of my different souls, I love you; shadowy souls. I love you more than anything in this world: I left you my voices, companions of mist, the rejoicing lights of youthful days, wanderings, agonies, dreams, strong and deep awakenings. Those are worth for the disentangled warmth of man they deliver, for the constant flame exhaling. Above all sterility and pettiness I'll arrive to light under a singing tree a fire of eternal friendship, hollowing the cold darkness of fear, the weariness of the deserts and the rough face of the arrogant death that is chaining us. I love you, one bright violence enliveth us, may this song tide us, broken or smooth, this voice where man can find a naked destiny, a touching symbol: the love that does not retreat, that blooms and can be donated.

TO LOUIS JAFFE
(Unfinished)

For the voices, interwoven voices, of Pablo Neruda and Edna St. Vincent
Millay, at Paulina McCoullough's party.

Sunday, December 15, 1974

I give you words,
the words that dripped
on the ashes of my vision.
Words,
perennially uncoiling,
crawling their calligraphy
through pronounceable
forests.

Words,
demolition hammers
on my brow,
elliptic hummingbirds,
their lace-work beaks
always ascending.

Mirror - words,
cracked
by the crooked geography
of my chaos.

Oh, I give you
the words that are breasts,
vein woven altars
where I heard
the sermon of the blood;
words like stone pews
where I muttered
the gothic confessions
of my childhood.

Words,
aimless, orphaned utterances,
calling the hours
through the alleys of the flesh
until
the wet alchemy of my tongue
found the secret folds
of their name.

"NO PUEDO ESCRIBIR"

No puedo escribir. La trivialidad, trasnochada, me mortifica. Estoy temblando de pasión triste. No sé dónde poner esta sangre ya vieja, como un lienzo donde se ha pintado mucho, con pigmentos extraños y que forman ya los colores fangosos, mestizos, endurecidos en una corteza de algarabía sonorosa, tras la cual temo oír el silencio blanco, aterrador, del tiempo perdido.

Es posible que no pueda armar las palabras, esos aldabonazos que quiero despertar en el polvo de mi idioma, palabras emplumadas, pájaros enormes y de lomos duros, aleteando siempre y a los que yo suplico me dejen cabalgar hacia mi rescate.

Te prometo lengua, verbo, enredadera, ser jinete ligero, sin riendas: hacer de ti un juguete de cuerdas milagrosas, y seguir las trayectorias asombradas de tus memorias traviesas.

Dame el dicho, sin el freno de la forma, que me reviente el cadarzo, bejucos y telarañas y me saque a pulir otra vez el desgano de los días.

17 de julio, 1975
Miami Beach

AVE FÉNIX

Octavio Paz: Miami Beach..."esa cuarentona descocada".

Y me deja mirajes desaforados, reventando sus prismas en el coral de mi cráneo, visiones que me vienen redondas y repetidas en las olas marinas, pinturas y despinturas desbaratadas que casi no puedo contener en el reverso de mis párpados.

Los hoteles, con telarañas de oro falso en sus zaguanes, intrusos de cromo y cemento de confitería en la ribera que no tiene memoria ya de mangles ni de *palmettos*.

Veo el villorrio playero de viejas con la costra de los talcos duros y cuarteados, la boca fija en una sonrisa melancólica de saltimbanqui congelado —vienen al mar para su diaria transfusión de espuma, con sus disfraces bronceados y mal pulidos que no engañan al tiempo su mortaja.

Una vez vi la carroña de un albatros en un recoveco de la costa. La jaula ósea, el descarnamiento aún no acabado, con el pecho hecho gruta en harapos de plumas que como dardos encajados a ratos en las alas abiertas en crucifijo se batían a desconcierto con la brisa. El pico como un mástil rajado, se levantaba en un grito arenoso. A media mañana se le llenaron los huecos de marea: el costillar engalanado y verde de algas que se descrispaban, el cuerpo rebosante en la maraña viva de la espuma y en el agujero de los ojos, los dos charquitos frescos donde el sol se erizaba de guiños interminables.

De pronto, se alzó el fantasma del pájaro, crujiendo como un bergantín revestido de salitre, con su algarabía de ruidos prestados a la playa, resucitado, ascendiendo como un esperpento de ceniza mojada.

Ay, las viejas floridianas, embalsamadas por el vapor del mediodía, que pasan ostentando con sus ráfagas breves de aliento prestado y que una vez al día se regurgitan a sí mismas.

18 de julio, 1975

BREVIARIO ORILLERO

De las entrañas del mar, arranco la piel de que me visto esta mañana, es el pellejo transparente y azul de una burbuja, gafas de agua en cada poro que me dan visión de profundidad, mirada de jaiba morada atravesando los cristales ululantes de las marejadas.

Así puedo mirar el ahogo cara a cara.

Con ojos de sal, con la pupila de coral e investidura de ausencias. Si ahora que el tiempo se dobla en sí mismo y que en su caracola de segundos hay miles de violencias enredadas, cada una tejiendo sus cosmos diminutos y que la orilla es el puerto de los suicidios interminables de las cosas:

> se suicidan las puertas con un
> aldabonazo repetido, al que nadie
> contesta,
>
> se suicidan las ventanas abiertas al
> mar en cemento de los edificios largos,
>
> se suicida el arrullo en las voces
> descarnadas de los radios que
> pregonan el humo de los planetas,
>
> se suicida la carcajada de una niña en
> los palacios rosados de arena que se
> llevan las viejas en sus tetas,
>
> se suicidan los veleros de alas blancas
> en las caras desdentadas de los
> automóviles posados en las palmeras,
>
> se suicidan los misterios de cada gota
> en las losetas pálidas de las piscinas.

Si me quito estos espejos donde reverberan esos misterios de incontables
puntos cardinales,

> y me oriento hacia la costa donde mis
> amigos apuestan a que están vivos, yo
> me reúno, confundido y todo, por un
> día más a la subasta de la sangre.

21 de julio, 1975

"EL OCÉANO"

El océano parece ahora un potrero en el mediodía de aire lento y desde mi balcón lo veo con sus recuas de crines blancas, tropel fatigado en la arena fina.

Lo visito este verano, lo visito porque es el anticuario acuoso que me suministra las alucinaciones como estrafalarios adornos de coral.

Y la veo a ella, vestida en el vaho amarillo de los años, jugando a la rueda-rueda, sin nadie de brazo, con un cántico sigiloso

> *...me quiero casar...*
> *en un vestido*
> *de tul blanco...*
> *me quiero casar...*

26 de julio, 1975

"EL DÍA EMPIEZA A VOLAR"

El día empieza a volar con su sangre en las alas.

Estoy inmerso en este pájaro de luz mojada, desteñida como un baño de vaho plomizo que me dobla el lomo a contemplarme en el ombligo abigarrado.

La cúpula de mi abdomen, con su disfraz de universo incontinente, con su paisaje que trepa redondo y liso, con su línea en ascención de curva desaforada en un súbito traspié, se absorbe en el poro abismal de mi ombligo. Mi puente sin fin, libre de los pellejos sensuales, centro aún lleno de sonidos doblados en sí mismos, de memorias que viven en las filigranas de la carne, en los recodos de este acordeón interminable, esperando iniciar su retorno de entre los ruidos de mi escritura.

Mi ombligo: semilla de atmósfera oscura, mi centro raro, ojo largo que pronuncia, sin acabar, la vocal hueca de una serenidad hindú.

1° de agosto, 1975
Miami Beach

CERÁMICA

¿Nada sucede en un plato de barro español?
Un nada circular:
la tajada redonda de un no
quieto y frío.

La filigrana, en su paseo de azul solitario,
en revuelo enredado en sí mismo,
tropezando en la frontera curva de
su reino vidriante,
es el diseño de un pájaro de oropéndolas,
traicionado en el artificio,
penitente en la cristalería,
revolcando sus colores
abigarrados en la telaraña
de un orfebre viejísimo.

Un plato español de barro
que le da la vuelta completa
a la ausencia,
va enjoyado en su arquitectura
de lápida gótica,
centrado,
como un ombligo barroco
en el vientre mismo del verano.

29 de agosto, 1975

BALADA

(A Gustav Mahler)

Vives cortado por el filo oscuro
del invierno,
buscando el caracol de tus huesos.
Halcón, con visión de cenizas,
trovador mudo de los amantes muertos
que besas los labios del silencio:
cortezas del humo
cuarteados con la
sangre del polvo.

Se muere el hombre con su pregunta:
¿hasta dónde traga la oreja de Dios?
¿dónde se oye el tambor de los ojos?
¿cómo huele la cuerda más larga del violín?
Sólo responde la hierba creciendo.

Dramaturgo del espacio entre las teclas,
llorón al piano, entendiendo el esqueleto
de la niebla.

Thanksgiving
28 de noviembre, 1975

ONE

Of all creatures living on earth, man is the one that initially depends the longest period of time on a nurturing, protective mothering agent for his survival. Beyond a relatively prolonged childhood, man develops his own resources and modes of adapting to his environmenting and elaborate ways of having his basic needs satisfied within society.

He becomes increasingly independent. But this is only partially so. There is a residual core of need for someone or something else that he perceives as the reservoir and provider of all of his urges and to which he longs to attach himself and return to. Maybe these are the roots of man's basic appeal to love and be loved and the source of man's highest spiritual (religious) aims.

TWO

Man contains within himself strivings that compel him ruthlessly towards the expression of his most primal urges: aggression, violence, strivings for power and hostile forces that lead him to kill.

Those drives —which society regard as destructive and evil— are neutralized by man's opposite drives: those that impel him to create and live in harmony with others of his own kind.

September, 1976

POETA ANTICUARIO

Cuando me acerco a
    la espina del verso
    con su afilado regazo
    hiero el agua
    que me centra como
    un cordón agudo

Entonces sé
    los secretos de que estoy hecho,
    los oscuros polvos de mi madre,
    las raíces de los hornos de Europa,
    los paseos alados por las alamedas,
    las negras que me criaron en miel
    y los abejarrones despiadados de mi pelvis
    que aún zumban y rezumban
    en los colmenares fósiles
    de mis adentros.

Al fin olvido:
    que navego en los hombros
    de un poeta muerto,
    que ojeo mis años verdes (de capullo)
    en el azar de sus dibujos
    en la ceniza,
    que fui aprendiz a pez
    en cielos de estallante espuma
    y que ahora vivo en este
    caracol inevitable
    arrastrando una procesión
    de voces como ventiscas
    encendidas.

Y aún resucito
    en los gorjeos pardos del hielo,
    en el velorio de esta luz de cemento,
    en las telarañas barrocas de
    las tardes estivales
    acordándome una risa
    que se lleva aún amiga mi lágrima
    de la mano.

Diciembre, 1976

CIUDAD RECORDADA

La ciudad levanta su
mariposa de cal fulgurante
al ruedo del sol
y se destapa, bruñida,
de la mortaja sudorosa de los relojes.

Se alzan, desde el sofoco
de su zambullida
las calles aradas en los
lomos raídos del coral muerto.

Unas olas cansadas
salpican sus aldabonazos
contra los portones rígidos
en su hidalguía.

Desde las entretelas de
las barcazas se ahogan
los peces
encajando la gelatina de
sus ojos
en las ventanas clavadas
de luz por las murallas de los
puertos.

Voy hilvanando un espectro de piedras caminadas:
las arcadas con ceños levantados
a las maromas fragantes
de los fogones de la mañana,
zaguanes con el sigilo
del vetiver y las horchatas
de las primas solteronas;
saletas, de encajes de ceniza,
y el recuerdo ovalado y sepia
de las abuelas españolas.

En los portales, el culebreo enlazado
del mimbre vacío de los sillones
celebra el velorio
interminable de las novias
que todavía esperan.

La ciudad, con osamenta calcinada
de gaviota suicida
creciendo aún
sus alamedas por entre las
reliquias del salitre
va destejiendo sus lianas
traídas desde una crin gris de cemento.

Agosto, 1977

"UN ABRAZO A MI REFLEJO ORLADO"

¡Un abrazo a mi reflejo orlado!
Amigo brumoso: tan náufrago.
Te encontré tan ahogado y revuelto
de los polvos de tierra adentro,
tan arado de los cementos de las ciudades,
tan cruzado de los afanes traficantes
y de los ministerios grises del dinero,
tan disfrazado de la solemne costra
del decir pequeño,
que no sé si puedo desnudarte ya
y atesorarte en mis cenizas de ahora
y resucitar la hoguera salvaje que necesito.

Agosto, 1977

FORMA DE MUJER EN LA ARENA

Paseando mi taladro oscuro
    por la orilla
encontré tu carita de coral carnoso,
    roída y arenosa,
con vidrio de liquen verde
    en las mejillas,
vestidas en los flecos ondeantes de
    las algas
como medusa con los bucles
    intranquilos de la espuma.

Y pregunté por tu lágrima
y te inventé unas órbitas
abiertas y salobres
como caletas navegables.

No quiero tu arrecife,
ni acepto el regalo fósil
aniquilado por el follaje marino
y el humo de los siglos.

Cobijada en el cofre de
    mi aliento
germinando en el polen interminable
    que te presto
romperás las bóvedas lisas de
    las caracolas
que te amarran inmóvil y te hacen
    viajada de mareas
y te levantarás en un
    enjambre de ternuras
a caer en las redadas sigilosas
    de mis alucinaciones de siempre.

Agosto, 1977

CEREMONIA EN LA PLAYA (VERSIÓN 1)

Espero que los sonorosos encrespamientos
de la orilla
me digan, al fin,
lo que soy.
Que soy el niño
socavando en la arena el hecho
insólito de mis propios huesos.
Que soy mi esqueleto de sal,
lamido por la sed de las memorias
que te amaron.
Que soy mi armazón de ventanas abiertas
por donde se me fugan
en tropel interminable los juguetes tristes:
aquellos besos redondos de mi cortejo.

Si me encuentro, si me reconozco en la playa,
detengo mi fuga repetida,
esta vez no me voy a decir adiós.
Voy a firmar un acuerdo con mi propio
fantasma,
con aquel encantador aparatoso
enamorado de los lechos barrocos
donde atamos los nudos deliciosos
de la sangre.

Agosto, 1977

CEREMONIA EN LA PLAYA (VERSIÓN 2)

Espero que los sonorosos encrespamientos
de la orilla
me digan,
al fin,
lo que soy.

Que soy el niño socavando en la arena
el hecho insólito
de mis propios huesos.

Que soy mi esqueleto de sal
lamido por la sed de las memorias
que te amaron.

Que soy mi armazón de ventanas abiertas
por donde se me fugan
en tropel interminable
los juguetes tristes:
aquellos besos redondos de mi cortejo.

Si me encuentro,
si reconozco mi aparición en la playa,
y detengo mi fuga repetida
esta vez no me voy a decir adiós.

Voy a hacerme un nudo con el fantasma
de mí mismo
con aquel encantador aparatoso,
enamorado de los lechos barrocos
donde celebramos en delicioso festival de los gemidos.

Agosto, 1977

FRONTISPICIO

Soy el alfarero de los
sueños,
obrero de arcilla nebulosa,
dibujante de los nudos
en las cuerdas memoriosas
de la infancia,
sitios encendidos,
con su sendero de
tinieblas jadeantes
que atraviesa, peregrino,
un rebaño desnudo de
ciegos nigromantes.

Noviembre, 1977

FRONTISPICIO DEL ORILLERO

La orilla se abre como un
abanico.
Estoy hecho de riberas
y de la llama seductora
de la incertidumbre.
Soy del crepúsculo,
donde los filos
de la visión brillante
y la sombra dormida
se aman
y me abren.

Estoy más horadado
por los rápidos espacios del
encaje
que detenido por
las tiesas
tejeduras de un ovillo.
Me doy entero al borde
del llanto y no al
salitre total de la
lágrima.

Me muevo en los muelles
transportes del tedio,
en busca del margen de
las estatuas,
con la piel del sol en
el mármol
y el resbaladizo
secreto de sus vísceras de piedra.

Soy amante fronterizo
de la punta de tus dedos
y hurgo en mis entretelas
el son desconocido de
mi nombre final.

19 de noviembre, 1977

CÓPULA

Tú:

Recodo suculento,
astro escarlata
en la órbita de tu noche breve.
Puerto suave
donde desembarca mi barcarola
con su tripulación de nudos afanosos.

Yo:

Buscando albergues grana
para mi espada de arcángel gótico.

Tú:

Púlpito sonrojado,
confesionario de mis delirios
mal domados
donde encuentro piedad de miel.

Acerco
a tu arrugado altar
mis labios mojados de imaginería,
y en harapos de antojo
suplico
que nos desgarre ya
el rugido final de Dios.

Invierno, 1977
Revisado: 9 / 11 / 1992

PENETRAR

Puerto suave,
a dónde se va de viaje
mi desespero mal domado.

Presa del cazador repetido
que en diálogos jadeantes
me dice la grana de cada herida
abriendo su albergue al arpón en flor.

Obispo de mitra bermeja,
arrebujado en el terciopelo de su púlpito
celebra la misa de las sensaciones
en la catedral del júbilo.

CONCIERTO

Entro en este atardecer
como una guitarra
de cuerdas fáciles a tus
dedos.
Y te pregunto
cómo rendirme al tañido
de tan enredados contrapuntos,
a los acordes que juegan con
mis lágrimas,
a tantos alientos que
les he vendido a las
fanfarrias de tus labios.

GENA: PARA ACOMPAÑAR A LAS ROSAS

Espero nuestro tiempo
en el reloj de pétalos rojos
y encuentro tu nombre
en el tallo que me atraviesa
de hora en hora.

Te cruzo como un río
saltando por los cincuenta
     corales asomados,
hasta la orilla
     que se escapa siempre.

Y te oigo en esa cuerda
de preciosos cuidados y zozobras,
en esa sola nota que a ti
te centra
y que a mí me define.

Vivamos en la vuelta sin fin
alrededor de la rosa
reunidos en el momento amarillo
del pistilo.

17 de julio, 1979

VALS LENTÍSIMO

Mientras el sol labra
su enjambre de mártires
     encendidos
hasta la misma orilla,
me espera el reloj amarillo,
ese reverso memoriante.

La visión
asciende como pájaro de cascabeles
a golpes de ala y lágrima
trayéndome al puerto donde te pensé,
donde te inventé los ojos;
donde conversé
     a fuerza de besos
que no sabían aún de sangres
     desnudas
ni de las catedrales del escalofrío;
donde yo veía mi adolescencia
     emaciada,
     desganándose.

Sabía que me esperabas,
aunque sólo sabía de ti
los latidos desmayados en la arena,
ese huir sin huellas
     tuyo,
     de sigilo rosado,
meciéndose ahora en el coral,
columpiándose en los uveros de la playa,
en huida de gasa y sal.

¿Por qué no te haces caracol
para que te alcance aunque sea
    un solo trino mío?

¿Por qué no te detienes en nácar
para que yo pueda habitarte?
    como en el nudo
    de mi cuarto de niño
donde yo jugaba con tu fantasma
    caliente.
Sé que me esperas,
    equívoco juguete,
sé que serás al fin
    la niebla de un abrazo.

En mi centro,
    nunca detenida,
hecha de luz en el agua,
vas deshaciendo
    el vals lentísimo.

3 de enero, 1981
Miami Beach

SIETE VARIACIONES Y UNA BREVE APOTEOSIS
ALREDEDOR DE LA FRAGANCIA
(CON UNA GUÍA RISUEÑA PARA EL LECTOR)

Para Diana Weck

VARIACIONES

Una:) Eres el velo tenue
       de transparencia prometida,
Dos:) eres tú, novia tejida
       de secretos nudos florales,
Tres:) hecha de rubor dormido
Cuatro:) y del embriago tibio
       de tu pórtico punzó.
Cinco:) Eres la ovación de los pétalos
       al gesto entreabierto de tus labios,
Seis:) y eres, otra vez tú,
       traspasada de jardines,
Siete:) en ascenso celeste
       por cenizas de azucena.

APOTEOSIS

¡Oh, consorte de los herbales!
¡Vestal de la corola…!
Hilvanadora del encaje blanco
de la bruma.
Hada nacida en los fulgores rosados
de la aurora.
Golondrina-novia, que inicia su vuelo
por la luz bruñida de los días
atravesada por las saetas de la sangre,
hasta posarse muy lánguida
en los sortilegios enredados de la noche.

GUÍA

El poema intenta ser erótico, una enumeración de metáforas sensuales que sugieren la invitación y el llamado íntimo de la fragancia.

La fragancia es ambigua, un "velo" que es sólo verdad cuando es "tenue" y cumple su promesa de "transparencia" y desnudez de los olores.

Es la conjugación, declamación, de algunas de las posibilidades de juego con los jugos privados del acoplamiento.

La "novia-golondrina" se refiere a las "oscuras golondrinas" (del sombrío romántico Gustavo Adolfo Bécquer) que buscan los nidos calientes del verano y a las leyendas de la mujer-pájaro, del evasivo "pájaro de fuego" encendido por sus propias pasiones, criatura del aire en ascenso, imagen del alma y la espiritualidad absoluta.

El perfumado "vuelo cotidiano" es la travesía veloz del deseo durante el día hasta la noche esperada.

La fragancia termina en los contrapunteos de los alientos, los jadeos y las delicias de la humedad mutua.

Los giros verbales fueron seleccionados para evocar, con sus intenciones y sonidos, la acción de "anudamientos", uniones y esposamientos con su confusión de fronteras personales.

La forma femenina aparece en el tema del "pórtico punzó" que se "traspasa" hacia los espacios interiores de la mujer, con sus jardines encofrados.

La visión del ave blanca que se consume en su propia llama, reaparece en las "cenizas" de la "azucena", hermana del lirio, una flor de mitología virginal.

La frangancia es presentada en su ambigüedad, en la paradoja que viste y desviste simultáneamente, que cubre y descubre el "aroma de la novia" como presencia amorosa invisible.

El "enredo" son los juegos de las redes que se tejen en la noche y que atrapan en sus filigranas el aleteo encantado de los amantes.

21 de mayo, 1981

SEVEN VARIATIONS AND A BRIEF APOTHEOSIS
ON THE THEME OF FRAGRANCE

VARIATIONS

One:) You are the tenuous veil
        of a promised transparency,
Two:) bride, vine woven secretly into
        flowering braids,
Three:) made of dormant blush
Four:) and the steamy rapture
        at your crimson portal.
Five:) You are the applause of petals
        to the gesture of lips parting,
Six:) and it is, you again,
        skewed by gardens,
Seven:) in celestial ascent
        on a lily's ashes.

APOTHEOSIS

Oh, consort of the grass!
Priestess of the corolla!
Weaver of the white lace
of the mist.
Nymph born from the rose
splendor of the dawn.
Nightingale-bride, lifted to its hasty flight
through the burnished light of days
speared by blades of blood,
to perch languorously
on the knotted enchantments of the night.

LETANÍA

Para Samuel Feijóo,
al oír rumores de su muerte

¡Qué asombro
que la ferocidad tenga
su fantasma propio!

Creí que lo habíamos
vestido de estrellas,
mientras tejíamos
aquellas redes de diálogos
entre ceibas
y tú me decías
que Dios caminaba por los árboles.

Creí que ese animal
de luz morada,
desenmascarando ya
su faz de nube,
estaba saciado
de la sangre
de todas las campanas
de este mundo,
y nos dejaría, al fin,
crecer las barbas
como raíces de mangles
en la fábula de los ríos,
para encontrarnos las lágrimas
y dejar nuestra distancia
acribillada de palomas
como en un asalto
de vivo trino,
y vernos lo extraños que éramos:
tú abriendo tu tumba
a pura mordida
entre las palmas;

y yo, traicionándote
en un trillo tan retorcido
que ahora sí ya no sé
dónde termina.

Antes del 28 de mayo, 1981
Revisado: 16/9/1992

PRODIGIO

¡Qué asombro
        que la ferocidad
                tenga su fantasma propio!

Creí que lo habíamos
        vestido de estrella
        mientras tejíamos
acuerdos entre almácigos
        y tú me decías:
Dios camina por los árboles.

Creí que ese animal
        de luz morada,
desenmascarando su faz de nube,
        estaba saciado
de la sangre
        de todas las campanas del mundo
        y nos dejaría, al fin,
        crecer
las barbas como lianas de mangles
en las fábulas de los ríos;
y nos dejaría la distancia
acribillada de sinsontes
como en un asalto de vivo trino,
y nos dejaría ver
        lo extraños que éramos;
tú, abriendo tu tumba
a pura mordida entre las palmas;
yo, traicionándote en un trillo
        tan retorcido
que ahora,
ya sí no sé donde termina.

28 de mayo, 1981

VÍSPERA

Ahora que me deshilvano
encontraré las hebras
que me fueron tejiendo el clamor.

Encontraré el hilo blanco,
un tajo de ceniza
que me cruza el centro
como un péndulo de hielo.

Y un ovillo negro
con que el tiempo
traza mi frontera, un dibujo
oscuro que me deslinda
y me divide los reinos:
uno, el de los destellos de la sangre
confabulando con las estrellas;
otro, el del muchacho
que embiste a gritos
la música perezosa.

Y una estela del cristal
que desembarca húmeda mis mejillas
que sabe cantar cuerdas desterradas
y un relámpago como liana
que abre un pozo seco
donde caen, con eco,
todas las plumas del poeta.

Y la cinta última,
acero suave, aguja sin color,
atravesando el pecho en silencio,
me deja girando perpetuo
en la rueca de los cielos.

13 de agosto, 1981

ARBORECER

Este ejercicio es mi salario
en la hora hundida
con los dedos de un día poderoso.

Desfilo por la vertiginosa
estación de mí mismo,
hecho candelero doloroso,
mi zumo lleno de alas,
mi ángel cansado
detenido en la ribera misma de la luz
esperando el arpa que vendrá mañana.

Los años envejecidos
hicieron de los ríos un hueso ardiente,
y de mí
un mástil desembarcado
que vigila remoto y seco
los árboles en cortejo,
que van y vienen sombrosos,
por el lustre amarillo
de un otoño sin fin.

1981

INVITACIÓN AL ESTÍO

Ven a ver
la flotilla de oropéndolas
desembarcar su deslumbre
en este puerto de ramajes desvestidos.

Ven a ver
las hordas bermejas
atar un esplendor nuevo en los follajes,
entregar su botín
de juegos de aro,
de besos arrebolados,
de zumbidos que se cruzaron
en la tournée celeste del verano.

Ven al jardín pardo,
abierto entre el encuentro y la partida;
a la vereda con tuétano de neblina,
a recoger los huesecillos silvestres de la risa.

Ven a ver
el sortilegio de un invierno
que nace en pinceladas de ceniza
trazadas al descuido
en el primer temblor de los ruiseñores.

Ven y dime: ¿qué es el otoño?
¿El visaje de una antorcha en fuga?
¿La procesión del arco iris en harapos
que se desmadeja,
fulgor a fulgor,
en la ceremonia rumiante y lenta
                de la nieve?

9 de octubre, 1982

CINEASTA

Aún cruzo, oscuro
aquel proscenio de cenizas alumbradas
donde un oratorio de siluetas
borda sacramentos dulces;
donde los detectives desgarran
la corteza a la verdad inocente;
y las princesas traviesas
me desvelan
con sus maquillajes de miel amarga...

Aquel paño níveo
de maravillas casi dormidas,
donde el vaquero matón
enlaza la luz
de una carroza interminable;
y el soldado,
plantado en la trinchera
como un cacto desarmado,
se hace abrir una flor bermeja
entre los ojos...

Aquellos íconos míos
pintados de crepúsculo gastado
que se mueven
en juego de azogue esquivo
revelando amantes
en jornada de mariposas
y hampones
que se mueren de cemento
en la furia de los callejones...

Y al fin tú, ángel
de torpes misericordias,

gracioso andariego,
hidalgo
            en salidas de esperanza errante:
vuelve del tiempo retratado
a despertarme,
con la sangre de tus piruetas.

                              Diciembre, 1982

SIGNO
(Muerte de I. G.)

Cuando un hombre rinde
los aperos de labrar su
verdad
y va a su encuentro convenido
con el silencio
entonces se convierte en
signo.
Un signo para llevar
encendido
en el ojal de la solapa
o prendido como una
hoguera en los ojos;
o como una cifra entera
en la frente
o como sangre en
los brazos.
Un signo que no necesita de
los tiempos inmensos
ni cimas inaccesibles,
es la señal del minuto,
del momento vecino,
del instante de su brega,
de su causa inmediata,
que no necesita ir
más allá de su propia
historia,
y que no quema más
llama que la luz
concedida,
y que es el héroe de su
propio día;
que en su majestad
encuentra los hechos,

comienza los hechos
y termina hechos con un
golpe de su sangre
en el mismo año
que otros
hombres fueron testigos.
Ahora, sin palabra de
pétalo,
sin decir de filo,
invita en su callado
misterio
a que le lean el texto
de la vida,
y a que le digan que
sí a cada uno
de sus rápidos fulgores.

23 de diciembre, 1982

EPITAPH

For I. G.

Through the magic of his transit
he became a star in the heavens
of our remembrance,

from a star he became the seed
of our constant renewal,

from a seed he became the lasting
springtime of our consolation.

March, 1983

"QUÉ HEMOS DE HACER"

¿Qué hemos de hacer
con estos años
de arena al viento,
el peso de su majestad oscura
deslizándose por el encaje
de nuestros dedos?

¿Cuál es la arqueología
en este reino de reloj de arena?

¿Qué se hizo
de los instantes destilados,
ícono a ícono,
trazando trayectorias
de estrellas fugaces
en la geografía de un arroyo?

La corona del tiempo:
¿es la vela apagada
el esperpento de su llama
mirándose brillar asombrada
en las mortajas de un espejo?

Es aún el mes de Mayo.

La procesión de ángeles voraces
pasa, como siempre pasó.
Anunciemos
cuál de los peregrinos encarnamos.
Fuera de la órbita de amantes
no llegaremos a la orilla
donde se queman
los juguetes de la piel.

No ha llegado el día
de desvestirnos de la sangre
ni hay lugar
para el convenio de nuestra armonía.

Es aún el mes de Mayo.

No hemos recogido
los despojos del naufragio
torcidos en las distintas figuras
de todos los agravios.

Ascendamos, a coro,
hasta el desdibujo mismo de la claridad.

Una enorme caracola
donde Adán y Eva
navegan encendidos
se levanta en la tinta de las olas.
Nadie sabe
que somos tripulación constante
ni del secreto
de nuestro itinerario interminable.

                                    1983

THE CHESHIRE SMILE

What are we to do
with these years of windswept sand,
their majestic dark weight
sifting through the lacework of our fingers?

What is the archeology
of this hourglass kingdom?

What moments are distilled,
icon by icon,
tracing their transit
like shooting stars
in the evanescent terrain of a stream?

Is the glow of time
an unlit candle,
its phantom flame
a startled flicker
on the shrouds of a mirror?

It is still May.

The procession of hungry angels
is passing, as it always did.
We must choose
the manner of pilgrims
we are to be.
We shall join
this parade of seasons.
Outside that roundelay of lovers
we can't reach the shore
where the toys of our skin are burning.

It isn't time yet
to undress of flesh,
and there is no place
for the assembly of our harmonies.

It is still May.

We have not yet gathered
all the driftwood twisted
in the different shapes
of our discontent.

We can try
and ascend, dancing,
to our mist-draped harbor:
and arrive at the blurred graphic of its clarity.
An enormous shell will emerge
from the wine tinted waves.
Adam and Eve are incandescent mariners.
They never knew we're their constant crew
nor of the secret of our itinerary.

May, 1983

EXPLANATION:

Oh, these bloodless poems of mine, needing their explanation in order to draw a last breath of life.

The question: What is the fabric of this halo left after many years of wedded entanglement?

This evanescent, ineffable, elusive, its true texture beyond the tip of our understanding

> windswept sand,
> shooting stars,
> all written in water,
> mysterious dream like, like the reflected image of the flame of an unlit candle (something like in a painting by René Magritte)

But the answer is in a vision:

> in the procession, a grand finale of our many selves repeated, in pilgrimage, or an ever-circling ring of lovers (like the always dovetailing lovers in Arthur Schnitzler's "La Ronde"), to a terminal harbor, there, finally a shell-like vessel, containing the first man and woman, docks in the mist (refer to Boticcelli's "The Birth of Venus") as always, we embark in this mystical voyage.

MADRE DE FONDO
(A Oyá)

¿Qué soy para Oyá...
y que es Oyá para mí?

¿De qué sombra armé este palo
bruñido en sangre
al fondo de mi arquitectura de escombros?

Me asombraron
      sus amamantamientos generosos,
      su ceremonia arrodillada,
      su demanda de son,
cuando la encontré perdida
en las barbas del profeta.

Su tinta africana
traza un signo primordial
      en uno de mis huesos,
      como un pariente tribal extraño
      que nunca ha oído un violín
      en barrios de brumosas sinagogas;
que nunca ha bailado salmos,
ni se meció en cantilenas
de plegarias enrolladas.

En la ribera de mis ojos
emerge su madera viva
entre quilos prietos y aguardiente.

Aparece siempre naciendo,
en alto su terrible trueno doblado,
y de repente sé quién es:
la aureola salvaje y oscura
en el seno blanco de mi madre.

21 de marzo, 1984
(En celebración de
las bodas de plata de
Elena y David Weck)

ODA A LA PLANCHA ESPAÑOLA

Para David

¿En qué formas deslizas
tu cofre de ascuas
alisando el uso y el tiempo?

¿Qué sortilegio te hizo
cómplice del volcán,
pájaro de alas plegadas,
cabeza de flecha,
paquidermo encendido
o pez diseñado
para el resbalo fácil?

Eres medialuna misericorde
en el puño de la sierva
que cubre
con polvillo liso y noble
las cuitas torcidas
en el hilo de mi paño.

A veces,
en un vaivén apresurado,
les guardas secretos
de jadeos trasnochados
a las sedas indiscretas.

Otras veces,
les devuelves ceremonias blancas
a los pliegues
que estrujan su desilusión
en los velos de las novias antiguas,
e insistes, testaruda,
que el almidón aún cruja
su pundonor tieso
en el ropaje de los condes
que han perdido su alcurnia
en los vestuarios torturados
de las ciudades.

Eres el gallo
armado al rojo vivo
que confieres cada mañana
esas aristocracias de etiqueta breve
que mueren
en las arrugas vespertinas del chaleco.

Eres ninfa
de metal pálido
que alivias
el trazado de la tristeza
en esta piel de segunda mano
y me resucitas
el disfraz del desgaste cotidiano.

Ven tú,
acorazado de quilla fina
y entrañas serpentinas,
ven con tu oscura trayectoria
y destino de planicie
a deshilvanarme las cenizas;
ven,
carroza en llamas desnudas,
desmadeja esta cartografía
de olvidos anudados
y termina tu ruta lenta
en el lienzo convenido
de mi mortaja.

1984

"CALLADO"

Callado, entrando en la ermita
            de mi madurez,
con sus laberintos de espejos
            tan llenos de ella,
                    aparecida, atrapada,
            y casi líquida en su agua
                    de resplandor.

No me dijiste cuándo fue que entré
            en los vidrios de filo tierno,
            cuándo fue que me hice
            imagen,
en qué ritual perdí mi fantasmal sustancia
y me hice visión de hombre de niebla.

No me dijiste que así viviré, al otro lado
            de mi carne,
con ella que es un signo de
            preguntas al cristal,
con ella, que sabe disfrazarse en
            sombra de la transparencia.

"ESTAMOS"

Estamos,
esperando en la pintura arcana del silencio
a que caiga el primer cuervo incierto,
con su anuncio de alas negras
que merodean tu viaje muerto.

Estamos,
esperando las quejas,
como si querernos fuese un heroísmo cotidiano
cantado como una epopeya
escrito en tedio.

Estamos,
ofreciéndonos los frutos incomibles,
los besos que no emergen
y quedan en el garrote seco de la desesperanza.

Estamos,
en el carnaval de siempre,
prisioneros de las carrozas oscuras
sin resolver el círculo de esa niñez muda
que se apaga en el asombro de la rabia.

Estamos,
en esta población de regaños
donde ya no puede nacer un ángel
donde ya no se puede lanzar un pañuelo al mar
para que marque el lugar de la zozobra.

Estamos,
en el sitio donde no encontramos ya,
los restos ahogados del naufragio
y nos quedamos con el desierto en la boca.

ROTURA

Los ojos te suenan como tambores,
con golpes de agua
en los pedregales de tu mirada.
Los cielos de tu frente
eran azules,
y ahora se rompen de relámpagos
y de alas negras alborotadas.
En la ruta de tus arrugas,
en las entretelas de tus lágrimas
que yo rasgué en harapos,
estaré, naúfrago conmovido,
esperando la orilla última,
esa ribera de burbujas
que siempre estallan
con su carga de pesado abismo.

Revisado: 29/6/1992

"AHORA ESTAMOS DESNUDOS"

Ahora estamos desnudos
    sin la corteza hecha de
        la sangre seca de todos nuestros diálogos
    ardiendo en la luz última
y así podemos alumbrarnos
    los pliegues oscuros que nos quedan

...y hemos llegado al borde de la respuesta,
    a la ceniza sin huellas,
    a la encrucijada donde el tiempo mismo
        se quita la mortaja de estar vivo,
    a la luz caída en desgracia,
    al reflejo en penitencia,
y aquí repetidos nosotros
    al doblar del infinito
alargo hacia ti el filo de mi abrazo
y mi abrazo te atraviesa.

Nos amamos en tonos grises,
    sin los plumajes de isleño quebrado,
con las ternezas del polvo, sin poltronas,
    con los encajes deshechos...

TRANSICIÓN

Para Margarita B.

Te vi
convirtiéndote en un pájaro paulatino
desde su insomnio inmenso.

Vi
los dedos de tu madre
plantándote plumas, una a una,
en el encaje seco de tus hombros.

Vi la luz
entretejiéndote alas
y un peluche de lustre oscuro
rodear tus ojos redondos
de un asombro aguamarina.

Te vi
posada para el ascenso
desde los silencios verticales
de tu jaula,
posada en el lujo gris
de tus mármoles vacíos.

Te vi
transformándote en vuelo
el pico de músicas ya quietas,
como un dardo
cargado de mis sones más certeros
apuntándote al sol
que vagarás dulcemente
en un fulgor amarillo
incinerándote.

8 de marzo, 1986

"BRILLA EL CENTRO DE LA VIDA"

Brilla el centro de la vida en su eje.
Como un ancla encendida
donde atamos las ilusiones
aún no nacidas,
suelo de luz,
en el medio mismo del tiempo,
donde ahondamos la raíz de cada sueño,
en la tierra fértil de los años,
donde la flor del medio,
como un astro,
abrirá la gran victoria
que nos prometió
desde el fondo dulce
el beso de la primera mujer de siempre.

17 de marzo, 1986
(Para David Weck,
al cumplir 50 años)

JERUSALÉN
(A donde no he ido pero donde
siempre he estado)

La ciudad se levanta
desde los fantasmas del rocío
dejando filos serrados
en el cristal de la noche rota.

La ciudad emerge
con sus relojes congelados
en la hora de siempre.

El siempre de la arena roja,
el siempre de los muros
con sus afiches de plegarias,
el siempre de los adoquines
con el lustre de los huesos del profeta,
el siempre en la espina
de los minaretes,
el siempre de los lamentos
diariamente desenterrados,
el siempre de los que vuelven
del naufragio de la inocencia.

Ciudad sin brújula,
ciudad redonda
con los domos de sus senos
llenos de una sangre estruendosa,
calles lianas de lodo encendido
que navegan el músculo de mi llanto.

Ciudad, dardo lento,
lanzado desde el hueco inmenso de las horas,
que me atraviesa, clavando inmóvil,
el esqueleto de mi historia.

Ciudad, a donde retorno
cabalgando un carrusel callado
hasta las cuencas en las ventanas
alumbradas con la luz parda
            de mi abuelo
a despertar las órbitas vacías
            del olvido.

Pascua Judía
18 de abril, 1986

JERUSALEM AS A SECRET

The city rises
from the phantoms of the dew
through the ragged crystal edges
of the broken night.

The city emerges
with its frozen clocks
on the hour of always.

The always of the red sand,
the always on the wall's
grafitti of lamentations,
the always in the cobblestones
with the luster of
prophets' bones,
the always in the thorns
of the minarets,
the always of prayers
daily disinterred,
the always of those who return
from the shipwreck of innocence.

City without compass,
round city,
the domes of its breasts
full of roaring blood,
its streets as vines
of burning mud
navigating the muscles of
my tears.

City, slow arrow,
in flight through the hour's
immense hole,

lancing the now immobile
carcass of my history.

City, where I return
riding a silent carrousel
to the sightless windows
where my grandfather's
grey radiance
awakens the blind eyes
of memory.

Passover
April 18, 1986

LLEGÓ LA HORA

Llegó la sed del lobo peregrino
que ahora ronda mis mejillas
y la sombra de mis ojos
como un heraldo de cenizas.

Esta es la hora de los pedregales
y la era de las espadas de la noche
que vienen cercenando las estrellas
dejándome un aliento de ventisca
que recita en pétalos secos.

¿Qué sembraré en las rocas planetarias?
¿Qué savia quedará aún en las semillas
que el azar de haber vivido
me regó en la tierra del pecho?

Este es el fin del estío
y espero que nazca la primera hoja viva
en los pliegues de la arena
para que dé su pincelada verde y final
a todas mis memorias.

Abril, 1986

AMOR DURO

A veces te amo como un cuchillo
con un filo de secretos ahogados
buscando el tañir blando
en el metal bruñido de tu sangre.

A veces te amo como un muerto
tendido en tu piedad
casi despierto por un cántico de pájaros
derramándose desde mi aliento tieso.

A veces te amo como una pedrada
llena de pregones aterrados
despedazando tu adulterio noble
con el silencio.

A veces te amo como un látigo
con el relámpago de mi lengua
que fustiga su lumbre rápida
en los oscuros perdones
olvidados bajo el musgo
de mi culpa verde.

A veces te amo como un galope
de bestias en viaje atropellado
hasta las ruinas de un ángel
que retorna de su mármol
a poblar los juguetes
de tu alcoba virgen.

...y a veces te amo.

1º de mayo, 1986
Revisado: 14/8/1992

BIOGRAFÍA

El anciano lloraba las hilachas
que le había tejido su vida,
y en el llanto se deshilvanaba.

Se le descosían las redes
que atraparon mariposas
con revuelo de vísceras
que perdían ya
            su júbilo amarillo
y se desvanecían
            en un polvo de alas secas.

Se le descosían las valijas
            interminables
con botín trasatlántico:
una novia con ojos
            de abnegación circular
y un niño incompleto.

Se le descosían las alforjas
que encorvaron su viaje
de venadillo furtivo.
Se le descosía en los ojos
la costura frondosa
            de esa isla
que le deshacía los inviernos
            extranjeros
y donde no entendía
            la yaguarama,
lo azoraban el batey
            y la chirimoya,
donde no entendía el galope
de los cueros repetidos
ni el amamantamiento negro
            de las criadas.

Se le descosían los telones
en el escenario
de sus mezquindades decentes,
y se le desintegraban
        sus signos de hombre
como la cera
a una vela trasnochada.

Así, en los hilos trenzados
de sus lágrimas,
se iba desdibujando
el esperpento
que aún negociaba,
        con los relojes terminales,
el lujo de su última
        sustancia.

Quedaba el anciano
en la osamenta de su ovillo,
y yo desenredaba
        cada hebra
de la mañana triste
tejiéndome el encaje de un nuevo azar.

                                        11 de mayo, 1986

"EL CARACOL ME SALE AL PASO"

El caracol me sale al paso
    con sus huesos de nave apocalíptica,
    con su osamenta de arca
    torcida en las labores repetidas de las mareas.

Me sale al paso
    desde la nada del unicornio,
    inventada por los mitos,
    sorprendiéndome con su garabato
    en la orilla.

Lo encuentro desde mar adentro
    atrapado en la arena,
    enredado de algas,
    como un pájaro roto.

En el caracol se asoma
    mi propio cráneo,
    rescatado de las marejadas
    y de las fábulas
    luciendo la lumbre verde
    en la espiral enorme que lo traspasa.
    (Tu abismo abierto
    por el éxodo interminable de los moluscos).

Carroza labrada con los corales
    de mis emblemas,
    navegada de ventiscas
    y perdida como un ancla profunda
    en los fantasmas del agua.

En el fondo, sumergidos en el silencio,
    te rondan generaciones de barcos,
        almirantes y marineros,

te circunnavegan en el vientre blanco
        los oleajes claros,
te adornan con las sabias escrituras
        de espuma de nácar vieja.

En lo alto eres nube de piedra.

Mortaja dura, desalojada por
        los monjes blandos y errantes
        que siempre arrastraron sus sueños
        y se hicieron eruditos del fango.

Corola sorda, atenta a las giras
        líquidas del tiempo
        esqueleto enroscado de una oreja inmensa
        que oye sonar en el purgatorio de las olas
        meciendo aún el
        suspiro de los milenios.

Y le pregunto a la arqueología de mi cabeza,
        como le pregunto a la cáscara de
                mis quimeras,
        si se ahogará
                también mi continente de estrellas
        y lo encontrará otro transeúnte
                sumergido
        y lo hará de sus escombros
                un laberinto congelado
        morada de maravillas alucinadas.

"EL TIEMPO PIDE SU LIMOSNA"

El tiempo pide su limosna,
la pide en el escalón
       de las catedrales
con brazos que se alzan
en la mirada limpia
       de los santos
con suplicios
       en las gargantas
labradas por las piedras
       de los altares.
Los mendigos piden con
      lenguas de laberinto,
piden su óbolo de polvo
      y sarna,
lo piden en la torre
      de ascensión gótica,
lo piden en el bronce del
       campanazo
que derrama un
      azoro de pájaros negros
en el azul indiferente.

Ay, el oratorio de las llagas,
      la calavera bajo
un cortinaje de piel
       partida,
Ay, los fantasmas ciegos
en las sombras de las cuencas,
Ay, las plegarias
      emaciadas que van
labrando su encaje
      de lástimas en las
      goloserías rosadas de los
      querubines pintados,

en la virginidad despiadada
de los mármoles.

Los harapos trazan sus
        demandas raídas
        dentro del lujo pardo de las
        catedrales
y la obra maestra
de las arrugas,
        piden su espacio de hambre
        igual que piden los vitrales
        la sangre bermeja de la luz.

TROVA

¿Vendrá la muerte
    como un trovador
con lira de tinieblas
y mudo sortilegio?

La muerte sufre
    mis ojos llenos de pájaros,
le duelen
    mis juegos con el aire,
protesta
    la algarabía en mi sangre
y no oye
    la historia de mi carne
ni el sonar de las espadas
    que se cruzan en mis suspiros.

La muerte quiere que baile
    su son violeta,
me quiere de arena o de hielo,
me quiere de pergamino,
la muerte me quiere
    cautivo en el ministerio del silencio,
y si no me espanto
    en el mármol de su canción
y le hago el amor al frío
y me ato
    a la semilla de la luz
se le tuerce a la muerte
    el rigor de su camino
y rompe la conjura blanca
    con mis huesos,
desalojándome de mi tumba,
abierta e incesante,
que bostezará sin fin,
perdido para siempre de mi esperpento.

1987

DÓNDE HAS ESTADO

Para David

Tus espejos miran un cielo
borrado y limpio
y la luz ciega sólo ve
el desdibujo insistente
de mi figura.

¿De qué carne haré
los pinceles para pintarme
de nuevo
en tus cenizas?

Tu retina,
hecha en las tareas de la noche
impone su territorio de laberintos
donde te encuentro
el día antes de mi memoria.

¿Quién derrotó al tiempo?
¿Quién apagó todas las imágenes?
¿De qué color son las horas
y cómo puedo armar un aliento
para el exorcismo de mi sollozo?

Si congelo todas las espadas
y las ráfagas de todas las danzas,
y detengo los sonidos de las esferas
para pronunciar tu nombre mudo:
me contestarán las flores secas,
y los huesos de las leyendas,
y los estíos encadenados
unos a los otros
sin eslabón de primavera,
y pronunciará la arena
la huella de tu aparición conjurada.

Yo, enredado en la madeja
de tu fulgor,
desesperado de tu tardanza,
imploraré
en la encrucijada de tu silencio:
Hasta ahora…
  ¿dónde has estado,
  hija improbable,
  dónde has estado?

           Otoño, 1987

DÓNDE HAS ESTADO

Para David

Tus ojos ya no tienen de violeta
ese cielo
que aún te vigila
con relámpago sostenido
y que deshace los visajes
de mi semblante.

¿De qué carne
haré pinceles para pintarme
un nuevo nombre
en tu lienzo ciego?

Tus pupilas,
hechas en las tareas de las noches,
me guían en un territorio
de laberintos
donde voy a tu encuentro
un día antes de mi memoria.

¿Quién quebró las manecillas del tiempo?
¿Qué soplo apagó todas las imágenes?
¿Quién tiñó las horas
con color de cenizas
y cómo puedo armar otro aliento
para derrotar los esperpentos
del insomnio?

Si congelo todas las espadas
y los giros de todas las danzas
y detengo los sonidos de las esferas
para pronunciar tu nombre antiguo
que aún padezco,

me responderán las flores secas
y los huesos de las leyendas
y los estíos
encadenados uno al otro
sin eslabón de primavera estallados.

Yo,
enredado en la madeja
que aún te detiene,
suplicaré,
desde esta encrucijada
de ecos repetidos:
    Hasta ahora...
    ¿dónde has estado,
    hija improbable?

                    Otoño, 1987
                    Revisado: 2/7/1992

DÓNDE HAS ESTADO...

De súbito,
encallaste en un cielo absoluto,
detenida en un relámpago sostenido,
y yo, vigilo,
estancado en tu letargo
que desteje, lento, mi semblante.

¿Con qué pincel
me pintaré un nombre nuevo
en tu lienzo ciego?

Tus ojos,
rehechos en las tareas de las noches,
me guían a tu encuentro
un día antes de mi memoria.

¿Quién rajó
la piel del tiempo?
¿Quién, de súbito
apagó todas las imágenes?
¿Quién tiñó las horas
con el fulgor pardo?
¿Cómo me puedo armar
otro aliento
para derrotar los esperpentos
del insomnio?

Si congelo todas las espadas
y los giros de todas las danzas,
y hago sordos los sonidos de las esferas
para trazar tu nombre antiguo
que aún padezco,
me responderán flores secas,
y los huesos de las leyendas,
y tus veinte estíos encadenados.

Yo,
trabado en las madejas de crepúsculos,
en esta encrucijada
de ecos, aún hurgo en la tiniebla
una reliquia
de mi hija improbable.

Otoño, 1987
Revisado: 7/7/1992

NAVE

Para David

Ahora, súbita, eres una nave
concebida en maderos de pasiones inconclusas
con ramajes de rachas imperiales
y bárbaras primaveras
que aún guardadas esperan estallar.
Ahora, perdida
en un relámpago de luz absoluta
flotas por el rumbo secreto de los jazmines.

Tu anclaje en la penumbra
me encalla la vigilia
en el relieve de ese letargo
que desteje, uno a uno,
los hilos recónditos de tu semblante.

¿Con qué pincel
trazaré un nombre nuevo
en tu lienzo ciego?

Tus ojos,
hechos en las tareas de la noche
me encuentran
en el intersticio oscuro
de mi memoria.

¿Quién arrugó
la piel del tiempo?

¿Qué lágrima brusca
apagó todas las imágenes?

¿Quién empolvó las horas
de un fulgor pardo?

¿Qué aliento puede derrotar
los esperpentos del insomnio?

Si congelo las conquistas
en el furor de las espadas
y en los giros de las danzas
y hago sordos los sonidos de las esferas
para labrar
tu nombre antiguo
que aún padezco,
me responderán las flores desgarradas,
y los huesos de las leyendas
y tus veinte estíos encadenados.

Yo,
en la trabazón de los crepúsculos,
en esta encrucijada de ecos,
hurgo en la tiniebla
la reliquia blanca
de mi hija improbable.

Otoño, 1987
Revisado: 15/7/1992

NAVÍO

Para Jennifer

Ahora eres, de súbito, un navío.
Un navío de maderos inconclusos
donde esperan aún
ramajes y primaveras transparentes.
Eres un navío encallado
en un relámpago detenido
donde naufragas en una luz absoluta,
perdida en el rumbo secreto de los jazmines.

Yo vigilo el relieve de tu letargo
y deshilvano las hebras recónditas
de tu semblante.

Con el color de las lágrimas
te trazaré un nombre nuevo
en la luz de tu lienzo deslumbrado
donde aún calla tu nombre antiguo.

Yo, en la trabazón de los crepúsculos,
en esta encrucijada de ecos,
escarbo en la tiniebla
la reliquia parda
en tus pupilas navegando un mar de polvo.

Otoño, 1987
Revisado: 5/11/1992

"TE VEO COMO LLOVIENDO"

Te veo como lloviendo,
trazada apenas por el agua,
tus hebras aún en el secreto de la
     madeja,
el visaje destejido hace un año,
pero tenaz, detrás de la luz,
viviendo en alguna mariposa
o en la espuma,
o en el dintel de la ventana,
pasajera fugaz
como un aleteo en la punta
     de los dedos.

¿Qué otro arcángel
puede detenerte en tu ascenso
y hundir la oreja
en la niebla de tu sonido
y aprender en tu sueño
el enigma blanco de la
     luna
y los paisajes vacíos
espejeándose en un
llanto de vidrio negro?

8 de febrero, 1988

"TU SOMBRA"

(Pensando en L.L. al morir su esposa)

Tu sombra
ya no es la sombra del adobe
que emboscaba sus
hojas en el encarnamiento rápido
del estío.
Recuerdo el adobe que
estiraba su sombra hasta alcanzar
mi sueño en aquel portal suave.

Tu sombra
ya no es la sombra de los
libros que caían sobre
mi cara dormida,
los versos de Rilke
pesando sobre mis párpados
        cerrados.

Tu sombra
ya no son las sombras
de los muros del castillo viejo
con sus sablazos
de piratas verdes, llenos de musgos ancestrales
donde yo jugaba con el tiempo.

Ahora tu sombra
es la sombra de
un barco veloz erizado en las olas;
la sombra de un pañuelo
de encajes cayendo hondo
dentro del espejo.
Ahora tu sombra hermética tiene un aldabón,
sorda a tu nombre.

11 de marzo, 1988

"ESTUVE SOLO EN EL MONTE"

Estuve solo en el monte,
sorprendido por la sombra
    de un algarrobo.
Así, ayer, estuve solo
echado en la tierra blanda,
los brazos abiertos en cruz
buscándome el vuelo en
    el espejo del cielo.

Vi caer, lento, un pañuelo
blanco, que vino
desterrado de la memoria de ti,
herrumbrosa memoria,
memoria destejiéndose,
raída por el uso de un amor
caminante,
y cayó el encaje,
como una cúpula almenada
abierta sobre mi cara
como alas sin pájaros
desmayando su tela
pintada con los
meandros de tus quejas,
y se posó esa visión
de luz ciega
y se posó en mi fiebre,
y me despertó de mi
vida
y me vi cubierto de
mi ceniza,
cabalgando mi fantasma
por el monte de ayer,
sobre el zumbido de las copas
despierto a la algarabía
del silencio.

¿Por qué me atravesó
el heraldo de tu memoria?
¿Y por qué se me olvidó junto
      al algarrobo,
posado en otra frente muerta?

LUZ

Hoy:
este estar,
en el centro de la llama,
perdido en la luz,
sin hallar el umbral de cenizas.
Este estar,
en la tela densa
de una estrella,
añorando un borde oscuro
para salir
de esta claridad ciega
donde las lágrimas
son iglesias
y los dolores
son sermones.
Pienso en la brújula
con su decisión cardinal
que me apunta
a una eternidad
de despiadado deslumbre.
Este estar,
en una visión despierta
e interminablemente dilatada,
abierta en la brillante
geografía del agua,
donde no puedo descansar
mientras flota la candela
de un azul seguido.
Hoy:
en la médula misma
de un planeta entero,
encendido,
donde las cosas
no tienen signo.

¿Cómo volveré a encontrar
esa guitarra
como un dios de cuerdas barrocas
que no cesan de florecer?

23 de mayo, 1988

LIGHT

Today:
this being,
at the center of the flame,
lost in light,
stalking at the threshold of ashes.

This being,
in the dense fabric of a star,
longing for a dark edge
to exit
this blinding clarity
where tears are cathedrals
and pains are sermons.

I conjure the compass
with its cardinal decision
facing me
to an infinite
of heartless lightning.

This being,
in this vision
interminably awake
and expanding,
open to the bright
geography of the water,
where I cannot rest
as long as the fire
burns in its ongoing blue.

Today:
in the planet's own incandescent marrow
where things have lost
their proper sign,
how shall I find again
this guitar like an idol
with its baroque strings
incessantly blooming?

PUERTO INTERNO

Me separo de mis ojos
y te los entrego
como dos puertos de tinieblas
donde inaugurar tu viaje redondo
en el calendario interminable
de mi mejilla.

Soy tu barrio costanero
donde no ha llegado nunca
un bergantín de luz.

¡Enciende tú la niebla!
!Abre mis pupilas de ceniza!
Desembarca en mi orilla
tu procesión de peregrinos:
cada uno con su devoción en llama
sonando oratorios desnudos.

Tú y yo
haremos, bajo los párpados,
ciudadelas mágicas
de vidrios y espumas,
pobladas de velámenes claros
que nos naveguen
de lado a lado
con una gracia de lámparas vivas
alumbrando esta soledad muda.

8 de diciembre, 1988
Revisado: 29/6/1992

DESCOLOR (EL BUQUE FANTASMA)

He guardado el pincel
que le dio color de mares
a tus muslos;
y ahora,
despojados los largos muelles
de su bruma caliente
se queda mi anclaje de medianoche
sin abrazo blando.

Se apagaron en la orilla, las hogueras
de estalladas mariposas
con su polvillo
de nocturno violeta.

¿Qué bergantín vaga,
perdido,
los velámenes plenos y abiertos,
al alimento silvestre
de los vientos?

Buque sin navegante,
en su ruta de esperpentos,
náufrago lento, cofre de algas,
boca arriba a la deriva
entre olas yermas,
ahogando las plegarias inmensas
de mi vientre.

Enero, 1989

EL FIN DE SIEMPRE

Sueño:
>	abro los ojos
>	en el trasfondo del río
>	donde, ayer,
>	sepulté los relojes
>	de manecillas que aún giran
>	su redondo frenesí.

>	En los tejidos del agua
>	el tiempo no se ahoga
>	y sigue pulsando
>	en las escenas de la semilla
>	y de la raza
>	y siguen las horas mojadas
>	en las tintas del génesis.

>	Se despierta
>	el viejo sepia
>	en los retratos de los niños
>	que vivieron en la geografía
>	de la niebla,
>	y se espabilan las cenizas
>	que ahora y por siempre
>	ondulan como algas blancas
>	en el cementerio derretido,
>	haciendo su guardia
>	de ángeles líquidos
>	en la herrumbre boquiabierta
>	de los hornos de este siglo.

>	En las raíces de la luz,
>	sitio de los mártires
>	que navegan en la historia,

donde los caracoles se arrastran
lentos como poetas del lodo
trazando el anagrama épico
de la resurrección.

10 de marzo, 1989
Revisado: 21 / 10 / 1992

CAMPANAS DE IGLESIA

Campanas de sangre
cabecean su cansancio viejo
y tañen un luto indiferente
en el cielo cerrado de mi oreja.

Campanas de cáscara espesa,
suplicando un milenio
de memorias mendicantes
que se mueren de eternidad
en los ritos de la piedra.

A sus fauces de noche densa
les abro el alimento de mis venas,
hostias largas,
llenas de lluvias y ríos,
pariendo una misa silvestre
con el final convenido
en la dulce cuna de la nada.

17 de marzo, 1989
Revisado: 29/6/1992

EL VALS (BAILARINA)
(Después de oír "La Valse" de Ravel)

Cuando trazas el gesto
de la mitología del cisne
eres como la pluma
cayendo de mi ala,
que deja mis hombros desnudos
sin savia de vuelo,
truncada mi pirueta,
desterrado yo
como una raíz en el pedregal.

Si asciendes por las lianas
de violines,
haciéndote celeste,
sin haz de carne,
desatada de mi músculo,
sin el ancla de mi puño,
te perderé
entre las leyendas coreografiadas
y en el humo
que se desvanece al alba.

Yo, náufrago sin mares,
nunca alcanzaré las naves del cielo
y me quedaré en las orillas secas
viéndote girar en las ráfagas
vestidas en el tul de tus fantasmas.

2 de abril, 1989
Revisado: 29/6/1992

PELÍCULAS SILENTES

Llevo las cenizas de la luz
en un relicario ciego.

Ay, memoria,
madre de senos transparentes
que dudan su propia leche,
que me devuelven
lumbres borradas:
payasos frenéticos
con sus bromas permanentes
incrustadas en el carmesí
de sus máscaras redondas.

Ay, memoria,
que desdibuja mujeres de cresta blanca,
ángeles arrugados,
ensayando aún las sedas de sus pasiones
enredadas en el azoro
          de mis pestañas inocentes
y que ahora
sólo le dejan al beso
el polvo que se les quedó en la boca.

Ay, memoria,
gasa vieja,
de donde regresan
los jinetes de cansada honra
en caballos que pacen congelados
después de cabalgar sus aventuras
          repetidas.

Ay, memoria,
cofre casi arruinado,
que apenas guarda ya
los juguetes de vidas dibujadas
que aceleraron los circos

en mis venas,
y los piratas
que aún encrespan los mares
con sus bergantines de humo.

Ay, memoria,
carrusel de las marquesinas,
sordo organillo,
noche barroca de luna cuadrada
donde se pierden
caravanas de lentejuelas
y se destrozan los tules
disipados en el destello
        amarillo del tiempo
en el horario lento de la pianola.

Ay, memoria,
precipicio denso,
por donde va cayendo
el sortilegio de aquellos rostros
con sus rituales de gestos
        espantados
y el galán de tangos
        engominados
con todos los espectros que me
        amaron.

Ay, memoria,
arenilla yerma,
no soples tus ráfagas en mis visiones,
que no se desmayen las candilejas,
que no se apaguen los esperpentos,
que no se derrumbe mi pupila
como un telón raído
sobre el mundo.

Mayo, 1989

LA RABIA DEL RUISEÑOR

Esta noche un sueño
me armó de espadas la sangre.
¿Sabes cómo es ser ruiseñor?
y salir de las estrellas
con un canto indefenso,
viviendo en la inocencia de mis alas,
sin filo en las plumas
crucificado en la pezuña de los rosales,
atravesado de mis trinos,
desgarrándome en mi música
sin alcanzar dentro de mí
ni una migaja de furia,
sin la violencia mágica
del buitre o del águila.
Con mi destino de flauta trémula
negado de dagas frías,
con itinerario de poeta,
me muero ascendiendo
los escalones de mis propias armonías
hasta que un diluvio de furia morada
caiga sobre las nieves,
los montes y los techos,
enredando la tierra entera
en las cuerdas de un arpa inmensa.

Junio, 1989

PIGMALIÓN
(Alucinación)

Las joyas que he vivido
te alumbran esta noche
cuando tus ternuras redondas
atraviesan la lluvia
densa como un lienzo.

Apareces lenta, pétalo a pétalo,
como una gardenia mojada
que va armando
sus laberintos encendidos
en mi boca abierta.
¿Qué hago contigo
tras haberte hecho?
¿Te envuelvo en el paño
cansado de mis años?
¿Te doy lecciones de ángel
o te encierro en el
jardín de mis demonios?

Junio, 1989

MUNCH Y VIGELAND EN OSLO

Entramos en Oslo
en la gasa gris de un bostezo
donde Munch pintaba la angustia
con el polvillo de sus huesos,
donde Munch pintaba sus púrpuras
con las cuerdas de un violoncelo,
donde Munch callaba sus gritos
en los puentes de humo
y los esperpentos se paseaban
en el mundo amarillo y yermo
tejido con el ovillo del sol viejo
de Cristianía.

Se le moría la paleta
en el vaho ocre de las niñas enfermas
y los cielos verdes
con la rajadura pálida
de la luna que afilaba
su frío de mortaja en el precipicio
de las riberas,
y tú, testigo de las tormentas
que esperan las muchedumbres
de yesos ciegos.

¿Cómo amar a tus mujeres
que cabalgan el dragón
que asoma su lomo negro
en la laguna?
¿Cómo amarlas
si me van enredando
en los tentáculos trigueños
de sus cabezas?

Entiendo tus colores
que se mueren de frío
y a ti, náufrago en el clima del musgo
trazando con pezuña blanca
los deseos de la soledad.

Entiendo cómo entraste en el purgatorio
con penitencias de piedra
y mástiles que nacieron subterráneos
y atravesaron las costas de los parques.

Te entiendo
alzándote en las neblinas
que petrificaron a los niños de Vigeland,
y a los senos desmayados de las ancianas,
y las trenzas que se detuvieron para siempre
camino al cielo.

Vigeland, si no me enseñas
la amistad de la rosa,
enséñame a vivir congelado,
dame lecciones de escalofrío
y hazme olvidar las palmas
y los almácigos
y seré tu aprendiz a caminante
en la trayectoria de luz quieta
e interminable.

30 de julio, 1989

CASINO FLOTANTE

Yo juego con los naipes de siempre,
con los naipes que juegan
las gaviotas en el azar
de la espuma,
me juego el horizonte
donde celebra la fortuna
su línea recta;
me juego las olas y las pierdo
a la orilla de mi pluma,
me juego la proa
que abriendo sus surcos en la miel azul
atraviesa el pecho de un ángel
que emerge entre las algas
desgarrado como un mártir de la suerte.

Agosto, 1989

VISIÓN EN LENINGRADO

En la noche
las estatuas de Peterhof
bruñidas y lucientes aún
por un largo sol
se desencajan de sus pedestales de
verde musgo mojado
y se van a Leningrado
como una legión de candiles
por la sustancia granulosa del tiempo.

En la ciudad, como un palo raído
por los inviernos, las piedras esculpidas
asoman sus mitologías de oro
en las cuencas de las ventanas,
azorando a la mugre en los palacios,
espantando a las lentas doncellas
embarazadas de grasa,
y a las ancianas encorvadas
por los vegetales de la espera;
van trazando un asombro oscuro
en las caras desdibujadas de los obreros del tedio.

Y las estatuas van dejando su barniz dorado
en las caries de las calles,
en los cráneos lustrosos del pavimento
y van levantando desde el sopor de las nieves
a los aristócratas de orgullo gallardo;
y las princesas momificadas en sus crinolinas
atrapadas en el fulgor congelado
del sepelio imperial de Pedro el Grande
que aún serpentea por el Neva.

Un oficial doliente y fantasmal,
congelado, agarrado a la antorcha de hielo encendido,

olvidado de la procesión que nunca pasa,
da una orden de luz moribunda
al batallón estatuario que se apaga.

Agosto, 1989

"SER LA HEBRA DE UNA TRENZA"

Ser la hebra de una trenza
entretejido en ti,
envuelto en los hilos de tu carne,
circular y circunnavegado
por los hornos lentos de tu nave.

¿Qué aguja nos borda
en este encaje
que viste de brillos secretos
este mundo oscuro?

¿Qué rincón ocupamos
en este tapiz trazado
con dibujos de malezas
y que la luz de nuestra
apretada fábrica
apenas alumbra?

¿De qué ovillos
nació este frenesí
que nos azota con su ventisca de estrellas?

Sé que las lágrimas nos deshilan
y que el centro de los telares privados
se nos rompe
puntada a puntada
y pido que nos anclen aún
las joyas distantes de la esperanza.

Septiembre, 1989

UN FRASCO PARA ELENA

Para Elena Mesa

Hoy la luz se detuvo en ti
   y se alzó hecha cristal,
      lejos de los oscuros filos del día,
      lejos de las sombras
      que se enredan en los azares
         de las horas,
  y esta urna de vidrio
      que contiene los laberintos de la alegría,
      esta vasija de sol y luna
      que contiene un juguete
      que divierte a todas las lágrimas
         posibles,
      llena de sinsontes y malezas jóvenes,
      guarda una estrella que se repite
      y deshace los nudos de la noche.

10 de noviembre, 1989

ASTRONAUTA

Las alas de la golondrina
miden las fronteras de su vuelo
y me trazan este país de aire
donde vivo.
Su pico, escribano de gracia ascendente,
lápiz sonoroso,
me dibuja rápido
los mares y los cielos
que duran el tiempo de una ráfaga
y se me acaban
muy temprano en la memoria.

El tiempo me ha vivido
como un pájaro migratorio
posado ya en ramajes secos,
anidado en el filo de una espada,
forzando luz en los nubarrones
y en las fauces abiertas de las estrellas.

Si en mi vuelo alto
lograse yo
encender de azul un solo astro
me rendiría, sin protesta,
a la ciudadanía del silencio.

Diciembre, 1989
Revisado: 30/6/1992

"TÚ, NACIDA DE LA ESPUMA"

Tú, nacida de la espuma
alzándote desde la concha
de mis manos,
hecha de primavera,
asomando tu carne fugaz
en las lianas enredadas
de mis sueños,
mártir encantada,
prisionera
en la silueta de mi voz
que suplica que te hagas
interminable en mi celda entre
                      las estrellas.

Sé que al fin debes rescatar
       tu sangre en la aurora
y que en tu fuga a la justicia
del amanecer inevitable,
te desvanecerás detrás de otros párpados
que te soñarán lloviendo en otros
       crepúsculos,
y en los siglos de otras frentes.

MEDIA NOCHE

Es la hora de los umbrales
y del hilo fino de las costas,
es la hora del intermedio
entre las sangres enemigas
que se trenzan en mi centro.
Es la hora que me hace
una cruz gris de incertidumbre
en la rajadura misma de la noche.
Es la hora de las tinieblas
congeladas en los relojes
que borran el enigma de mi carne.
Es la campana que azora
pájaros que aún recuerdo,
y es el tañer que traiciona
un residuo de jilgueros
colgados en los clavos del silencio.
Es la hora que anuncia
un espectro primoroso
que engaña con su enjambre
de luna nueva
el hoyo redondo que padezco.

1990

"ME PREGUNTO"

Me pregunto,
en el cementerio de los soldados
si viste la ceniza que te cruzó
     de repente
cuando mirabas llover en la trinchera
     la pulpa bermeja del cielo.

Ahora te suena la tierra como
     un contrabajo de zumbar oscuro
     por donde tratas de soñar
tu novia como un lirio brillante,
encendida como una espada,
desenvainada de los astros,
cortándote de la muerte que aún
no anuncia su viejo color violeta.

Me pregunto
si el asombro que estalló
     en tu boca
fue el anhelo de una mariposa
     amarilla,
o si te fuiste a una guerra
     de ruiseñores
y te enredaste las alas en los
     alambres de fuego.

Te dejo
     fijo como una cruz anónima,
desconocido de las
     configuraciones de tus
     muchos nombres
y de las múltiples edades
     incógnitas.

"MAJESTAD"

Majestad dejada sola
        en el ajedrez inagotable
sin cetro y corona seca.

Pieza ya inmovible
ciega de mármol
inalcanzable, detrás de
        un reloj frenético.

Y estás, majestad de oscuras
        músicas,
en el abismo del tablero de
        ajedrez inagotable,
detrás del diluvio,
detrás del milenio.

Sin dedos de trueno que
te muevan,
con la corona enredada en el cielo
y cetro hecho rosal.

AUSENCIA REPETIDA

A veces, tu presencia se pierde
    en una pincelada parda
    y quedas, hecha cuerda tierna
    colgando de la madrugada.

¿Cómo despertar sin ti,
    con una herida en el centro de la luz?

¿Cómo enarbolar las banderas
      del paisaje,
    con los ojos huérfanos?

¿Cómo tañer la guitarra,
    con las orejas llenas
      de tierra muda?

En el trance de tu ausencia
    te invento "otra":
    hilvanada con el oscuro filamento
    de la visión vacía,
    en afán de detener tu retroceso
    con el afán de hallarte
      desaparecida
    en las patrias celestes,
    descompuesta por las estrellas.

En esta órbita imposible,
    cabalgando los corceles de la
      niebla,
    las riendas atadas en los
      sortilegios de mi brújula,
    no encuentro aún los cuatro
      puntos cardinales
    escondidos en tu sangre:
    ¡peregrino siempre!

Octubre, 1990

"EL PÁJARO VUELA"

(Memoria de La Habana)

El pájaro vuela por los
            enredos de mi tiempo
y sacude su fatiga gris
en los instantes que eran rubios
en los tejados de mi pueblo.
Veo aún las marcas del joven
                  en las piedras,
en los signos que se ahogan
                  en las cenizas,
veo mis ojos
en la labor llorosa
de desnudar en los muros
la coreografía que ella deshilaba
en las formas de la lluvia;
            busco en las arcadas
                  el amor que se esconde en los polvos,
el balcón a donde te silbaba
            avisos silvestres.

Ahora las horas se pierden
            como ciervos en las calles
            que se aprietan, desiertas,
            como malezas de amarillo colonial.

Hoy habito más que
            nunca los barrios secretos,
las alamedas secas, con hálito
            petrificado,
las estatuas están vivas más aún
            bajo la corteza de sus mármoles
                  abandonados,
próceres calientes,
esperando romper su barniz antiguo
y despertar las cariátides dormidas en
            el estupor de los pedestales.

Los relojes se desarman
en retirada y desaparecen en un
deslumbre que se rehace en tu carne,
cada minuto tiene su nombre de mujer,
cada hora tiene su alcoba propia,
cada año tiene su parque
con un banco bajo el algarrobo,
cubierto de las lianas que lo anclan
para siempre
con dos asientos viejos esperando
a los amantes que
navegan la ciudad
respirando anuncios de capullo
en las marejadas de la resina.

Octubre, 1990

INSTANTE

El cielo de esta tarde,
una inmensa hoguera violeta,
inaugura el estío en tus ojos
y me sorprendo solo,
mirando el fuego treparme desnudo.
Ahora, arrebujado en llamas,
me detengo ardiendo,
traspasado por una esmeralda voraz.

Marzo, 1991
Revisado: 30/6/1992

APARICIÓN FUGAZ

Entro por las puertas de un lirio
como un discípulo de la luz,
buscando la morada blanca,
el palacio de la aurora,
donde yace aún viva
la aparición que una vez cruzó
con su ráfaga afilada
mi pecho imprevisto.

Te despierto estremeciendo mis alas,
te levanto desde tu pistilo
en un temblor de polen,
como ascuas que encienden
por un instante las selvas
de mi sangre anciana.

Salgo de la corola
con un tesoro fantasma...
que aparece repetido,
resurrecto en la espuma,
trazado en el calendario sin fecha
de la playa.

Marzo, 1991
Revisado: 14/8/1992

ENTENDIENDO

Hoy,
un sueño sin rostro
arrebata mi sangre entera
y tu visaje entra en mi neblina
y me reconoce como tu gemelo oscuro.

Así,
dibujado en formas de arabesco,
en un documento muy usado
por las gaviotas y los violines,
vamos semejantes
a fuerza de no desmayar
al sopor dulce del entendimiento.

Cuando
la piel, los labios, el trueno
piden su plenitud en los ojos
y se funden acuerdos
de vaga y fácil hermandad
en la cuna donde se duerme
el vientre,
donde el amor ya no recuerda
las figuras del jadeo
y se conjuran los borrones
del sexo yermo,
cerraremos,
en orfebrerías de azucenas y ruiseñores
nuestro descanso puro.

Marzo, 1991
Revisado: 2/7/1992

PREGUNTA SIMPLE

Les hablo a las raíces mudas
y les pregunto cómo se hace una flor,
y de dónde es la luz que teje
las fibras de un capullo
de corazón amarillo.

Cómo se armoniza
la sonata honda y abierta
que sólo oye el músico zunzún
alcanzando con el pico inquieto
el contrapunto dulce
del clavel.

Cómo ser el abrazo de la araña
y morir cegado
de musgo y rocío.
Quiero aprender lo escrito
en el codicilo de las ramas.
Yo, estudiante avaricioso
de las alquimias verdes,
desenredando lianas,
descifrando los signos que trepan
hasta un cielo sin respuesta.

Mayo, 1991
Revisado: 1/8/1992

"TE VI"

Te vi.
En tu hora de ceniza
te vi temblando
como un ciervo fugitivo,
desangrando en el pavor de tu huida
los viejos signos de una grave ternura.

Te vi sacudido
por el fantasma íntimo
de nieves encadenadas
a tumbas en Polonia
y en Pennsylvania,
tumbas adornadas como novias
que se levantan
y se dan su cita interminable
en cada escalofrío tuyo.

En tu hora de ráfagas
te vi condenado a ser luz cavilante,
llama trémula de vela cansada,
en el aliento vacío
del reloj de medianoche.

REGALO (VERSIÓN 1)

Para ti
>esta vida
>de arena marinera
>de playa náufraga
>de proas rotas en los vidrios del sol

esta vida
>que cae con sus agujas
>en el redoblante de la orilla
>levantando retoques
>de silencios intermitentes

son para ti
>las estatuillas de agua
>con lágrimas de algas y caracoles.

Para mí
>esta coda encrespada,
>torrente de pájaros estériles,
>destrozando en el pico de la ola
>todos mis regalos.

25 de abril, 1992

REGALO (VERSIÓN 2)

Para ti:
    esta arena marinera
    recogida en la honda
    geología de la sangre,
    esta orfebrería sumergida,
    este mobiliario de algas y caracoles,
    con misión al agua
    de mecerte sin fin.

Para ti:
    estas playas náufragas
    esta vida de proas rotas
    que se anuncia en agujas
    de vidrio,
    y en redoblantes donde cae
    el tiempo
    con el ritmo de silencios intermitentes.

Para mí:
    este encrespamiento final
    que levanta el océano
    en la soberbia de una ola,
    que derrota en la orilla
    todos los fantasmas de mis huellas.

28 de abril, 1992

CUATRO ÁNGELES

Para Gena

Tengo cuatro ángeles
cautivos en un haz de aurora.

El ángel de las orillas
que me recogía los besos
en el portento de la espuma.
Cada ternura
venía cabalgando mareas
y las olas me templaban
en la voz
aquellas cantilenas
que se enredaban en mis sueños.

El ángel de plumaje completo
que tejió su sentido redondo
en los trozos esparcidos
de mi figura.
Hoy, bordado en tu oro,
voy al encuentro de tu milagro,
hilvanando apariciones
que se trenzan
en cada navío con carga de isla,
en el espanto alado de los gorriones,
en el artificio ágil del zunzún,
en el ascenso de los tomeguines
hasta la apoteosis del sol,
en la brisa súbita
de los almácigos
sombreando los portales
donde temblábamos de diálogos,
en las guitarras de décimas
sonando aún fieles a los güiros
en el éxodo albino
de las nieves.

Toda esa blanca población
de aguinaldos
que pulula en mi sangre joven
nunca te traicionó
ni los oficios de devociones solemnes
que me condenaron
a horas de rescates desolados.

El ángel atareado
en el piano de los silencios
guardando en los terciopelos de tu fe
mis versos
que duermen su pavor
con los pétalos casi abiertos
a tu insistencia de capullo.

El ángel abrazado
al niño perdido en mi miedo.
Hada con lumbre
de diamantes feroces,
ascua viva
en la mordida azul
que me centra
descomponiendo el ritmo
de todos los relojes.
Así, caeré en la promesa
de una cuna blanda,
como en una piel nueva
donde luciré
el jardín violeta
de tus ojos enormes,
inextinguibles.

6 de septiembre, 1992
Revisado: octubre, 1992

DIBUJOS DE / DRAWINGS BY MOISÉS WODNICKI

A GUITAR IS A SLOW BOAT

M.W.~

JAN-57

CONVERSATIONS OF BIRD AND FISH

M.W. 63

Este dibujo corresponde al poema "Brief Tales to a Figure Head" y sirve de ilustración a la segunda parte (II) del mismo.

This drawing corresponds to the poem "Brief Tales to a Figure Head" and illustrates part II of this text.

Este dibujo corresponde al poema "Brief Tales to a Figure Head" y sirve de ilustración a la tercera parte (III) del mismo.

This drawing corresponds to the poem "Brief Tales to a Figure Head" and illustrates part III of this text.

Este dibujo corresponde al poema "Brief Tales to a Figure Head" y sirve de ilustración a la cuarta parte (IV) del mismo.

This drawing corresponds to the poem "Brief Tales to a Figure Head" and illustrates part IV of this text.

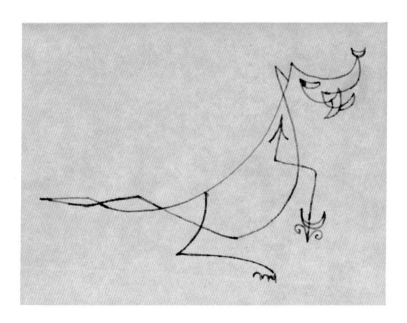

Este dibujo corresponde al poema "Brief Tales to a Figure Head" y sirve de ilustración a la sexta parte (VI) del mismo.

This drawing corresponds to the poem "Brief Tales to a Figure Head" and illustrates part VI of this text.

Este dibujo corresponde al poema "Brief Tales to a Figure Head" y sirve de ilustración a la séptima parte (VII) del mismo.

This drawing corresponds to the poem "Brief Tales to a Figure Head" and illustrates part VII of this text.

Este dibujo corresponde al poema "Brief Tales to a Figure Head" y sirve de ilustración a la octava parte (VIII) del mismo.

This drawing corresponds to the poem "Brief Tales to a Figure Head" and illustrates part VIII of this text.

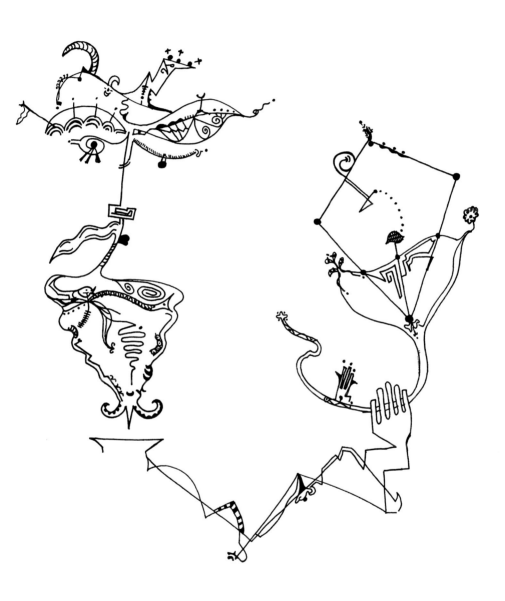

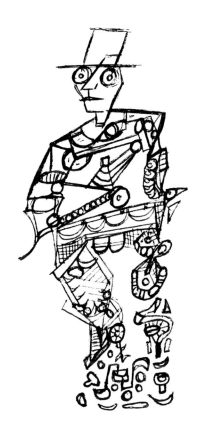

DÉCO MAN

BY

MOE

77

VARIATIONS
ON
THE EYE

M W 1977

Birds interlocked: then close —
ascending.